U0729459

民法理论与实务研究

杨咏婕 古小刚 施秀清◎著

中国出版集团
中国民主法制出版社

全国百佳图书
出版单位

图书在版编目（CIP）数据

民法理论与实务研究 / 杨咏婕，古小刚，施秀清著. —北京：
中国民主法制出版社，2024.5
ISBN 978-7-5162-3663-5

Ⅰ.①民…　Ⅱ.①杨…②古…③施…　Ⅲ.①民法—研究—
中国　Ⅳ.①D923.04

中国国家版本馆 CIP 数据核字（2024）第 094927 号

图书出品人：刘海涛
出 版 统 筹：石　松
责 任 编 辑：刘险涛　吴若楠

书　　　名 / 民法理论与实务研究
作　　　者 / 杨咏婕　古小刚　施秀清　著

出版·发行 / 中国民主法制出版社
地址 / 北京市丰台区右安门外玉林里 7 号（100069）
电话 / （010）63055259（总编室）　63058068　63057714（营销中心）
传真 / （010）63055259
http:// www.npcpub.com
E-mail: mzfz@npcpub.com
经销 / 新华书店
开本 / 16 开　787 毫米×1092 毫米
印张 / 11.75　字数 / 225 千字
版本 / 2025 年 2 月第 1 版　　2025 年 2 月第 1 次印刷
印刷 / 山东蓝彩天下教育科技有限公司

书号 / ISBN 978-7-5162-3663-5
定价 / 68.00 元
出版声明 / 版权所有，侵权必究。

　　随着社会经济的不断发展，科学技术的日益进步，民法的价值理念和规范设计正在发生明显的变化。维护社会公序、保障社会公益、促进交易发展、守护道德伦理、保护生态环境等多元价值需求日益被民法所重视。基于维护公序良俗和保护社会公益、构建交易规则和促进交易安全、加强弱者保护和限制司法滥权等价值需求，当代民法中的强制性规范日益增加。民法是调整市民社会人身关系和财产关系的基本法，在重视强制性规范作用的同时，清晰划分法律强制与意思自治的界限，需要对民法进行全面、深入、系统的研究。

　　本书首先对民法理论进行概述；其次对民法基本原则体系、民事法律关系、民法的价值与属性进行详细介绍；最后以民法的宗旨与使命为核心，对物权、合同、侵权责任等进行系统阐述。每部分的内容既呈现了基本理论，又坚持了"必需，够用"为度，同时较好地体现了理论与实践的结合。全书以精简、通俗易懂的语言阐释深奥的民事法律规范和原理，归纳总结和解释重点内容，能够帮助读者更好地理解和掌握相关知识。

　　本书在撰写的过程中参考了大量的资料，并得到许多同人的支持和协助，在此谨向资料的提供者和作者表示衷心感谢。由于作者的知识和实践经验所限，书中难免有不足和疏漏之处，欢迎读者提出宝贵意见。

作　者

2023 年 11 月

目录

CONTENTS

第一章 绪 论 ……………………………………………………………… 1

　第一节 民法概述 ………………………………………………………… 1

　第二节 民法的渊源与效力 ……………………………………………… 5

　第三节 民法的性质及与相邻部门的关系 ……………………………… 13

第二章 民法的基本原则体系 …………………………………………… 20

　第一节 民法基本原则的概念 …………………………………………… 20

　第二节 民法原则的分类 ………………………………………………… 25

第三章 民事法律关系 …………………………………………………… 45

　第一节 民事法律关系概述 ……………………………………………… 45

　第二节 民事法律关系的认定 …………………………………………… 53

　第三节 民事法律关系与民法 …………………………………………… 65

第四章 民法系统论解构 ………………………………………………… 69

　第一节 民法的价值与属性 ……………………………………………… 69

　第二节 民法宗旨与使命 ………………………………………………… 80

　第三节 民法系统论 ……………………………………………………… 85

第五章 民法相关理论及其应用 ………………………………………… 95

　第一节 具体民事主体基本理论及法律实务 …………………………… 95

　第二节 民事法律行为成立、效力及其应用 …………………………… 108

第六章 物权理论及实务运用 …………………………………………… 121

　第一节 物权的基本理论 ………………………………………………… 121

　第二节 物权律制度研究与运用 ………………………………………… 132

第七章　侵权责任理论及实务运用 ·············· 137

　　第一节　侵权责任及其构成要件 ·············· 137

　　第二节　侵权责任的归责原则 ·············· 142

　　第三节　侵权责任制度研究 ·············· 148

第八章　民法体系与民事法律关系在司法实务中的运用 ·············· 162

　　第一节　民法体系在司法实务中的作用 ·············· 162

　　第二节　民事法律关系在司法实务中的作用 ·············· 166

　　第三节　请求权基础分析思维方法在司法实践中的运用 ·············· 172

参考文献 ·············· 179

第一章
绪　论

第一节　民法概述

一、民法的概念

"民法"一词来源于罗马法中的市民法。古罗马依调整对象的不同，将法律分为公法和私法，市民法属私法范畴。这一分类的传统被大陆法系各国继承下来。

"民法"一词传入我国是在清朝末年。当时，清政府聘请日本学者松冈正义等人起草民法，于 1911 年完成《大清民律草案》，"民法"一词遂传入我国，但当时不称"民法"，而称"民律"。人们在具体使用"民法"一词时，往往根据语境的不同而赋予其不同的含义。有时它指的是作为一个部门法的民法，有时它指的是作为一门法学学科的民法。作为一个部门法的民法时，它是指调整平等主体的自然人、法人、其他组织之间的财产关系和人身关系的法律规范的总称。作为一门法学学科的民法时，它是指研究民法规范及其相关学理的法律科学，也即民法学。但严格来讲，民法与民法学是两个不同的概念，二者不能混淆。民法是民法规范的总称，是以国家强制力来保证实施的，其表现形式是法律、法规、司法解释、判例等。民法学则只是一种法律学说，不具有强制执行的效力，其表现形式是论文、专著、教科书等。民法与民法学虽是两个不同的概念，但它们也有着密切的联系。民法学的发展会影响到民事立法，民事立法的发展也同样会影响到民法学的研究。这种相互影响可能是积极的，也可能是消极的。当二者呈现良好的互动关系时，这种影响是积极的，会互相促进、共同发展；当其中一方出现失误或问题时，则会给另一方造成消极影响。

我国通常将民法的概念表述为，民法是调整平等主体的自然人、法人和非法人组织之间民事权利义务关系的所有法律规范的总和。这是我国较为流行或通用的民法定义。从

1

这个表述可归纳出民法的以下特征。

第一，民法的主体，是自然人、法人及其他非法人组织。行政、司法等机关或人员在民事法律关系中，也只能作为民事主体而不能以官方主体出现，如果以官方主体出现，那么就不是民法主体。第二，民事主体之间是平等的。这个平等包含两方面的意义：一是，民事主体之间的法律地位是平等的，任何一方当事人都不隶属于另一方，双方或多方之间不是命令与服从的上下级关系，谁也不能命令谁；二是，每个民事主体都拥有平等的民事权利，每个人的民事权利都得到民法的平等保护。第三，民法调整对象具有特定性。民法的调整对象是权利义务关系，包括人身关系和财产关系，其核心分别是人身权和财产权。

以上民法概念，是我国长期以来最为流行的一种表述，我们可以将其归属为民事关系式的民法概念。这一概念突出了民法的调整对象，声明了民法的调整范围，这就把民法与其他法律从适用范围上区别开了。但是，这一概念并没有把民法的真正宗旨与任务全面准确地表述出来，因而这种以调整对象为主的定义是不完全科学的。一个事物的概念或定义，应当是对这一事物的本质及其主要特征的高度概括，或者说是对这一事物的目的及其实现的准确定位，而民法的概念应该是对民法的目的与实现的全面表述。民法的目的与实现，就是民法的宗旨或任务及其实现手段，民法是保护什么的、维护什么的，是通过什么手段来实现这些宗旨的。

从《中华人民共和国民法典》第1条规定来看，民法的概念应该是：民法是通过调整民事法律关系，来保护民事合法权益、维护社会秩序、弘扬核心价值观、促进中国全面发展的基本法律规范。可以把这一概念简化为，民法是调整民事法律关系，保护民事权利和维护社会秩序价值的基本法。

民法对平等主体之间财产关系的调整，为确保市场经济的有序运行、促进社会经济的发展和人民福祉的增进提供了法律基础；民法对平等主体之间人身关系的调整，为保障个人能够进行独立的、有尊严的社会活动增添了法律力量，是我国法律体系中重要的部门法之一。理论上讲，可将民法按一定的标准分为形式上的民法与实质上的民法、广义民法与狭义民法、普通民法与特别民法。

1. 形式上的民法和实质上的民法

形式上的民法，是指以"民法"或者"民法典"命名的法律，如《法国民法典》《德国民法典》《中华人民共和国民法典》（以下简称《民法典》）等。由于形式意义上的民法是从法律规范的表现形式上来定义民法的，故一般只在大陆法系国家才有，英美法系国家一般并无直接以"民法"或"民法典"命名的法律。这里还应指出的是，形式上的民法直到近代才出现，以法国 1804 年颁布的《法国民法典》为肇始，形式上的民法才在大陆法系或受大陆法系影响的国家相继出现。实质上的民法是指所有调整民事关系的法律规范，它既包括直接以"民法"或"民法典"命名的法律、法规，也包括其他法律、法规中有关调整民事关系的法律规范。由于实质上的民法是以法律规范的内容来定义民法的，故与形式上的民法相比，其形成要早得多，即使在法律出现的初期，也有着大量的调整民事关系的民事法律规范。在民法理论上，一般以实质上的民法为研究对象，本书所称的民法如无特别说明，均是指实质上的民法。在现代社会，一个国家可以没有形式上的民法，但绝对不能没有实质上的民法。如，英美法系国家虽无形式上的民法，但同样有着内容广泛、形式多样（如单行法律、判例、习惯、学说等）的实质上的民法，用以调整丰富多彩的民事关系。一个国家有无形式上的民法，既不取决于其政治、经济制度，也不取决于其社会发展水平，而在于本国的法律传统以及对本国法律传统的扬弃。一般而言，大陆法系国家或受大陆法系传统影响的国家，多采用形式上的民法。英美法系国家或受英美法系传统影响的国家，多没有形式上的民法。

2. 广义民法与狭义民法

广义民法是指所有调整包括物质资料占有关系、商品交换关系、继承关系、婚姻家庭关系、智力成果专有关系在内的各种民事关系的法律规范。广义民法包含了公司、证券、保险、票据、海商等商事法律，与"民商合一"的立法体例相对应，在"民商合一"的国家谈及的"民法"就是广义的民法。狭义民法指的是只调整一定范围内的民事关系并对其作一般规定的法律规范，其他民事关系则由单行法律加以调整。与"民商分立"的立法体例相联系，在"民商分立"的国家谈及的"民法"即为狭义民法。

广义民法与狭义民法的划分，是由于各国调整民事关系的法律体制（主要指私法体制）不同而形成的一种分类。广义民法，是指所有调整民事关系的法律规范。如，意大利民法典，其规定调整的范围包括了物质资料占有关系、智慧财产专有关系、商品交换关系、劳动关系、继承关系、婚姻家庭关系等各种民事社会生活关系，此种民法便为广义的民法。从调整社会关系的范围来看，广义民法与实质民法并无不同。狭义民法仅指私法的一部分，其民法典除以总则形式对民事关系作出一般规定外，法典的分则部分只规定了对部分民事关系的调整，其他民事关系则另行制定法典或单行法律加以规范和调整，此种民法即为狭义民法。

3. 普通民法和特别民法

普通民法是指对民事法律关系中作出一般性规定的民法规范，如各国民法典。特别民法是指对一定范围内的私人关系进行调整的民法规范，如单行的《中华人民共和国商标法》（以下简称为《商标法》)《中华人民共和国公司法》（以下简称为《公司法》）等。

普通民法与特别民法的划分，是以民法规范表现形式的不同为标准的。普通民法是指经过编纂，以民法或民法典的形式集中表现出来的民法规范，如《法国民法典》《德国民法典》、我国《民法典》等。特别民法是指没有收入民法典之中，散见于其他法律、法规、司法解释、习惯之中的民法规范，如我国的《公司法》《商标法》等。区分普通民法与特别民法对于民法规范的适用具有重要的意义。

二、民法的调整对象

每一个独立的法律部门，都有自己特定的调整对象，解决特定的社会矛盾，从而与其他法律部门相区别。根据《民法典》第 2 条的规定并结合民法原理可知，我国民法的调整对象可以概括为平等主体的自然人、法人、非法人组织之间的人身关系和财产关系。

（一）平等主体之间的人身关系

人身关系是与人身不可分离、以人身利益为内容、不直接体现财产利益的社会关系。人身关系包括人格关系和身份关系两类。人格是作为人至少应具备的利益要素，包括生命安全、健康、名誉、肖像、隐私等；人格关系就是基于人格利益而发生的社会关系。身份则是人在家庭或团体等相对稳定的社会关系中所处的地位及与之相联系的利益；身份关系是以特定的身份利益（如亲属、婚姻、荣誉等）为内容的社会关系。民法调整平等主体之间的人格关系；对于身份关系，我国民法侧重于调整因血缘、婚姻、收养而形成的配偶、亲属、监护等亲属法中的社会关系。

民法所调整的平等主体之间的人身关系有如下特点。

1. 主体地位平等

在人格关系中，每个民事主体均享有独立的人格利益，同时应尊重他人的人格利益。在身份关系中，每个民事主体的法律地位也应当是平等的。不过基于某些身份关系的特点，民事主体之间的权利义务有时候会存在不完全平等的情形，如父母对未成年子女享有设定住所的权利等。

2. 与人身不可分离

一般情况下，人身关系与民事主体的人身不可分离，具有专属性。除法律另有规定外，民事主体不可转让、放弃其人身权利。

（二）平等主体之间的财产关系

财产是指人体以外对人具有经济价值、能够为人支配的事物。在民法上，财产主要分为有形财产和无形财产。有形财产是指具有经济价值的物质实体，如土地、房屋、汽车、服装等。无形财产是指没有物质实体而具有经济价值的精神产品或权利，如专利、商号、商业秘密等。

财产关系是指人们之间以财产为客体、以具体的经济利益为内容的社会关系。人们在具体的经济活动中会发生各种具体的财产关系，如财政税收关系、财产买卖关系等，只有像财产买卖关系这样发生于平等主体之间的财产关系才是民法所要调整的财产关系。

民法所调整的财产关系特点如下。

1. 主体地位平等

在民法调整的各种财产法律关系中，主体之间的法律地位都是平等的，不存在隶属关系。在实现自身的利益时，均需尊重他人的财产利益。各财产支配者的法律地位都是平等的，他们之间建立的民事财产法律关系也平等地受法律保护。

2. 意志表示自由

在调整各种财产法律关系中，民法确定了民事主体表达自身意志的权利，规定任何一方均不能将自身的意志强加于对方，非经法律规定授权，任何机关和组织也不能干预平等主体之间的财产关系。

第二节　民法的渊源与效力

一、民法的渊源及体系

（一）民法渊源

民法渊源是指民事法律规范的表现形式，在这种意义上理解的民法渊源主要是指国家机关在其权力范围内制定的各种具有法律效力的规范性文件。民法渊源的重要实践意义在于，它是法院或仲裁机构裁判案件的法律依据。由于对民法渊源存在不同的态度，因此在不同的国家或不同的时代，人们对民法渊源的认识会有较大的差异。大陆法系国家的民法渊源主要包括制定法、习惯法以及法理等；英美法系国家的民法渊源传统上主要是判例法；而有的国家（如瑞士）的民法渊源则是多元的，除了制定法以外，还包括习惯法、学说和先例。

本书认为，我国的民法渊源一是制定法，主要包括宪法、民事基本法、民事单行法、其他法律、行政法规，以及地方性法规、自治条例和单行条例；二是对制定法的有权解释；三是习惯；四是国际条约与国际惯例。

1. 制定法

制定法是指具有立法权的国家机关制定的法律。在我国，作为民法渊源的制定法包括以下内容。

（1）宪法。宪法是我国的根本大法，是由全国人民代表大会制定的，规定国家根本政治制度和根本经济制度等最重要、最根本问题的法律，宪法中调整平等主体间关系的内容，如关于所有权的规定、关于民事主体的基本权利和义务的规定等成为民法的渊源。

（2）民事基本法。民事基本法是指由全国人民代表大会制定的，涉及社会生活重大问题的民事法律。民事基本法通常是指民法典，《中华人民共和国民法典》就是我国的民事基本法，它对我国平等主体间财产关系、人身关系的产生、变更、终止等作了全面的、具有最大适用范围的规范，是我国目前最重要的民法渊源。

（3）民事单行法。民事单行法是指除民事基本法以外的调整某类平等主体的财产关系或人身关系的民事法律，是在民事基本法的范围内对民事基本法的主要补充。目前，民事单行法是我国民事法律规范的主要表现形式，许多民事法律制度都是通过民事单行法加以规定或具体化的，如《公司法》《中华人民共和国票据法》《中华人民共和国海商法》等。

（4）其他法律。全国人民代表大会及其常务委员会制定的其他法律中也有很多涉及民法的内容，如《中华人民共和国土地管理法》（以下简称为《土地管理法》）《中华人民共和国城市房地产管理法》（以下简称为《城市房地产管理法》）《中华人民共和国产品质量法》等。

（5）行政法规。行政法规是由国务院制定的规范性文件，其中有许多涉及民事活动的法律规范，如《中华人民共和国商标法实施条例》《中华人民共和国公司登记管理条例》等，它们同样是我国的民法渊源。

（6）地方性法规、自治条例和单行条例。地方性法规的效力低于法律和行政法规，在相应的行政区域内有效，如《广东省专利条例》《上海市房地产登记条例》等。自治条例和单行条例在不违背法律或者行政法规基本原则的前提下，可以对法律和行政法规的规定作出变通规定，在相应的民族自治区域内产生效力，如《新疆维吾尔自治区合同格式条款监督条例》《黔西南布依族苗族自治州农作物种子管理条例》等。地方性法规中的民事法律规范，以及自治条例和单行条例中的民事法律规范也是我国的民法渊源。

2. 对制定法的有权解释

对制定法的有权解释是指有解释权的国家机关对民事法律规范所作的解释，目的在于阐释民法规范的构成要件与法律效果，以便正确适用。在我国，对制定法的有权解释包括立法解释和司法解释，前者由制定相关法律规范的国家机关作出，后者由最高人民法院和最高人民检察院作出。

民事基本法、民事单行法和其他法律的立法解释由全国人民代表大会及其常务委员会负责；行政法规的立法解释由国务院负责；地方性法规、自治条例、单行条例的立法解释也均由相应的立法机关负责。有关民事案件的司法解释由最高人民法院作出。

3. 习惯

所谓习惯，是指一种社会规范，是人们共同生活中的惯例。不同的地区、不同的社会阶层、不同的民族存在不同的习惯。习惯法来源于习惯，但并不是所有的习惯都是习惯法。习惯法是指社会公众对其有法的认同和法的确信，并且经国家认可的习惯。习惯法具有法律约束力，是我国民法的渊源。如，《民法典》第10条规定："处理民事纠纷，应当依照法律；法律没有规定的，可以适用习惯，但是不得违背公序良俗。"

4. 国际条约与国际惯例

国际条约是两个或两个以上的国家就政治、经济、贸易、军事、法律、文化等方面的问题确定相互间权利义务关系的协议。国际惯例又称国际习惯，是指在国际法上被接受为法律的通常做法。我国缔结或参加的国际条约以及国际惯例是我国民法的渊源，适用于涉外民事活动及其民事法律关系。

（二）民法体系

民法体系，是指民法作为一个独立的法律部门，其内部具有逻辑联系的各项民事法律制度所组成的系统结构。我国的民法体系包含以下内容。

1. 一般规定

即普遍适用于民事关系的一般法律规定，包括：民法的制定依据、基本原则、适用范围，民事主体的资格条件，民事法律行为及代理的构成要件及其法律效果，诉讼时效和期间的规定，等等。

2. 具体民事制度

具体民事制度主要由物权制度、合同（债权）制度、人格权制度、婚姻家庭制度、继承权制度、侵权责任以及民事责任等内容构成。

（1）物权制度。物权制度主要规定财产的归属秩序及其法律关系变动的规则，包括物权的种类、效力、内容、变动规则及其保护等，结构上通常由物权的一般原理、所有权、用益物权、担保物权和占有五个部分构成。他物权分为用益物权和担保物权。用益物权包括土地承包经营权、建设用地使用权、宅基地使用权和地役权等；担保物权则包括抵押权、质权、留置权。

（2）合同（债权）制度。合同（债权）制度规定的主要是关于财产流转过程中发生在特定的当事人之间的权利义务关系的规则。它规定债的概念和效力，规定各种债的发生根据、债的变更和消灭、债的履行和债的不履行的责任等通则性问题，还规定合同之债、侵权之债和其他原因之债等各种债的关系。

（3）人格权制度。人格权制度的规定包括人格权和身份权，主要是人格权，具体包括生命权、身体权、健康权、姓名权、名誉权、自由权、肖像权、荣誉权、隐私权及个人信息保护等。

（4）婚姻家庭和继承制度。婚姻家庭和继承制度包括对婚姻关系、亲属关系和遗产继承的规定。其中，婚姻制度包含结婚、离婚条件及程序和家庭成员的权利义务等内容；继承制度主要是关于自然人死亡后其遗产的归属秩序，包括法定继承、遗嘱继承、遗赠、遗赠扶养协议、无人继承和无人受遗赠时死者财产的归属等规定。

（5）侵权责任制度。侵权责任制度中规定了侵权责任的归责原则、侵权责任的承担方式与类型，并设置了损害赔偿和责任主体的特殊规定的内容，以及产品责任、机动车交通事故责任、医疗损害责任、环境污染和生态破坏责任等若干主要侵权责任种类的责任追偿、责任承担方式、受害人救济、责任免除或减轻等规定。

（6）民事责任制度。民事责任制度规定了民事主体违反民事义务或侵害他人民事权利所承担的法律责任，主要包括合同责任和侵权责任。传统民法将合同责任归于债编的合同部分，将侵权行为的法律后果归入债编中按侵权之债处理，不另设民事责任编。我国

《民法典》第一编第八章规定了"民事责任"，突出了民事责任在民法中的地位。第三编对合同责任作了全面规定，侵权责任则在第七编中予以全面规范。

以上内容是关于一般民事关系的法律制度的主要方面。在民商合一体例下，民法体系还应包括关于特别民事关系——商事关系的法律制度，即商事法律制度，包括涉及公司、票据、保险、证券、海商、破产等商事活动的一系列法律规范。

（三）民法的适用范围

民法的适用范围又称民法的效力，是指民法在什么样的范围内发生作用。民法的适用范围具体包括对人的适用范围、对空间的适用范围和对时间的适用范围三个方面。正确理解民法的适用范围，对民法的具体适用有着重要的意义。

1. 民法对人的适用范围

民法对人的适用范围是指民法适用于哪些人。这里所称的"人"，如无特别说明，通常是指所有民事主体，包括自然人、法人、非法人组织等。我国《民法典》第12条规定："中华人民共和国领域内的民事活动，适用中华人民共和国法律。法律另有规定的，依照其规定。"该法关于自然人的规定，适用于在中华人民共和国领域内的外国人、无国籍人，法律另有规定的除外。按此规定，在我国领域内的所有民事主体，包括自然人、法人、非法人组织，均适用我国民法。作为例外的是，外国人身份法上的行为，适用其本国法；外国驻我国的外交人员依法享有外交豁免权，不在我国民法的适用范围之内，其民事争议通过外交途径解决，但其自愿接受我国法律管辖的，我国民法对其有效。

至于我国自然人、法人、非法人组织在国外发生的民事关系，一般适用所在地国家的法律，法律另有规定的除外。

2. 民法对空间的适用范围

民法对空间的适用范围，是指民法适用于哪些地方。按照属地管辖原则，一国的法律在其主权范围内均可适用。我国《民法典》第12条规定中的另有规定主要包括三种情形：一是外国人身份法上的行为适用其本国法；二是外国驻我国的外交人员享有外交豁免权；三是在中国境内订立的涉外合同，当事人可以选择处理合同争议所适用的法律。

另外，根据民事法律的制定机关不同，其空间效力也有区别。凡国家最高立法机关和最高行政机关制定的民事法律、行政法规、行政规章，均适用于我国全部领域，法律、行政法规、行政规章明确规定仅适用于某一地区的除外。地方性的民事法规、自治条例、单行条例，仅适用于本辖区之内，对其他地方不产生效力。

3. 民法对时间的适用范围

民法对时间的适用范围，是指民法的生效时间和失效时间，以及民事法律规范对其生效前发生的民事法律关系有无溯及力。

民法的生效时间主要有两种情形：一是自公布之日起生效。二是公布后经过一段时间再生效。

民法的失效时间主要有以下几种情形：一是新法直接废止旧法，如 2020 年 5 月 28 日通过的《民法典》第 1260 条规定："本法自 2021 年 1 月 1 日起施行。《中华人民共和国婚姻法》、《中华人民共和国继承法》、《中华人民共和国民法通则》、《中华人民共和国收养法》、《中华人民共和国担保法》、《中华人民共和国合同法总则》、《中华人民共和国物权》、《中华人民共和国侵权责任法》、《中华人民共和国民法》同时废止。"二是旧法规定与新法相抵触的部分失效。三是由国家机关颁布专门的决议规定，宣布某些法律失效，如 1987 年全国人民代表大会常务委员会就曾批准宣布 1978 年前颁布的部分法律失效。

（四）民法的适用顺序

我国民法的各种法律渊源形成了一个由上至下、处于不同位阶、具有不同效力的体系，不同法律渊源之间有严密的内在逻辑，在具体适用时有其相应的顺序。我国民法的制定法渊源有多种形式，因而在适用上也有一定的顺序。依据《中华人民共和国立法法》（以下简称为《立法法》）的规定及学者的解释，对民法的不同制定法渊源主要依据以下原则确定适用顺序。

1. 上位法优于下位法

这是指在法律位阶、制定机关、立法等级效力等方面，位阶、地位、效力较高的规范性文件与较低的规范性文件相冲突时，应适用位阶较高的规范性文件。例如，《中华人民共和国专利法》的效力高于《中华人民共和国专利法实施细则》，《中华人民共和国专利法实施细则》的效力高于《关于规范专利申请行为的若干规定》（国家知识产权局制定并公布）。

2. 新法优于旧法

级别相同的规范性文件发生冲突时，新颁布生效的规范性文件优先于旧的规范性文件，但同时要注意：民事法律法规一般无溯及既往的效力，如果适用于它颁布生效以前的民事问题需要有明确的特别规定。

3. 特别法优于普通法（单行法优于基本法）

民事特别法是指适用于特定的时间、地域、事项或仅适用于特定主体的民事法律；民事普通法则在适用的时间、地域、事项或主体上具有明显的普遍性特征，在适用时，特别法优先适用。民事基本法与民事单行法的关系是普通法与特别法的关系，在适用上，应当优先适用民事单行法，如在规范公司设立条件和程序上，《公司法》优先于《民法典》适用。

4. 强行法优于任意法

对某一事项，凡有强行性规范规定的，任意性规范不得再发挥作用，应适用强行性规范。

5. 例外规定排除一般规定

适用于民事问题的例外情形的，若有例外规定，应适用例外规定，不适用一般规定。

6. 具体规定优于一般原则

在原则性规定与具体规定之间，应当优先适用具体规定；在无具体规定时，适用一般原则性规定。

二、民法的效力

民法的效力，是指民法规范在何时、何地、对何人及何事发生法律效力。正确理解民法的效力范围，是正确适用民法的前提。

（一）民法的时间效力

民法的时间效力，是指民法规范适用于哪个时间段的民事关系，即对何时发生的民事关系具有适用效力。一般来讲，民法自实施之日起生效，至废止之日失效。法律规范的失效一般由法律明文宣布自废止之日起失效。有的民事法律规范性文件自身规定了施行期限的，则自期限届满之日当然失效。新法颁布时往往同时规定旧法的废止时间。没有类似明文规定的，依一般原理，新法生效之日起，就同一事项应依新法优于旧法的原则，适用新法，旧法视同失效。而对于适用于特别事项的特别法，新颁布的普通法则不能使其失效，仍然可适用该特别法。民事法律规范对其实施前发生的民事社会关系，原则上无溯及适用的效力，但在法律有明文规定的某些特殊情况下，民事法律规范也可以溯及适用于既往的民事关系。例外情况下实行法律溯及既往时，采取有利追溯原则，这种溯及既往对当事人有利，且不损害国家利益、社会公共利益。如，《最高人民法院关于适用〈中华人民共和国民法典〉时间效力的若干规定》对于人民法院在审理民事纠纷中有关适用《民法典》时间效力问题制定了相应的规则，总体上遵循"法不溯及既往"的原则。该司法解释的第2条则规定："民法典施行前的法律事实引起的民事纠纷案件，当时的法律、司法解释有规定，适用当时的法律、司法解释的规定，但是适用民法典的规定更有利于保护民事主体合法权益，更有利于维护社会和经济秩序，更有利于弘扬社会主义核心价值观的除外。"显然就是"有利追溯原则"的体现。又如，《中华人民共和国著作权法》（以下简称为《著作权法》）第66条规定："本法规定的著作权人和出版者、表演者、录音录像制作者、广播电台、电视台的权利，在本法施行之日尚未超过本法规定的保护期的，依照本法予以保护。本法施行前发生的侵权或者违约行为，依照侵权或者违约行为发生时的有关规定处理。"依该条规定，《著作权法》有一定的溯及力。

（二）民法的空间效力

民法的空间效力，是指民法规范在何地域范围内有效，即民法规范在地域范围上所具有的效力。一般来讲，民法规范的地域效力范围及于制定该民事法律规范性文件的机关权力所管辖的地域范围。《民法典》第12条规定"中华人民共和国领域内的民事活动，适用中华人民共和国法律。法律另有规定的，依照其规定。"我国领域是指我国国家主权所及的领土、领空、领海，以及根据国际法、国际惯例应当视为我国领域的驻外使馆和我国航行或停泊于国境外的船舶、飞机等。有的只涉及特定事项的法律，仅仅适用于特定事项涉及的区域。例如，《城市房地产管理法》只适用于城市，而不适用于农村。

（三）民法对人的效力

民法对人的效力，即民法规范对哪些人具有效力。这里的"人"包括自然人、法人及非法人组织等各类民事主体。民法规范对人的适用范围的确定有属人主义、属地主义等标准。属人主义，即以当事人国籍确定法律的适用，凡具有某一国籍的人，不论其在何处，均适用国籍所在国法律；属地主义，凡居住于该国的人或在该领域内发生的民事法律行为均适用其实际所在地的法律。《民法典》第12条规定"中华人民共和国领域内的民事活动，适用中华人民共和国法律。法律另有规定的，依照其规定。"可见，依属地原则，在我国境内的本国人、外国人和无国籍人均适用我国民法；不在我国境内的则不适用我国民法，但也有例外。例外情况有以下几种：①我国民法中某些专门规定由中国自然人、法人或者其他组织进行的民事活动的内容，对外国人、无国籍人或外国法人和其他组织不适用；②对于虽然在我国境内，但依据我国缔结或参加的国际条约、双边协定或经我国认可的国际惯例，享有司法豁免权的外国人（如来访的国家元首、政府首脑及其随从人员，外国使节及其家属等）不适用我国民法；③对于不在我国境内的我国公民，其民事关系原则上适用所在地国民法，但依据我国缔结或参加的国际条约、双边协定或我国认可的国际惯例，应该适用我国民法的，则应适用我国民法。

第三节　民法的性质及与相邻部门的关系

一、民法的性质

研究民法的性质，旨在从法学理念的层面进一步提示民法的本质特征。与其他部门法相比，民法体系庞大、内容丰富、历史久远，学术界对其性质的归纳也见仁见智。在这里，仅就理论界对民法性质比较一致的看法作一介绍。

（一）民法原则上是私法

私法是相对于公法而言的。将法律划分为公法和私法，是西方法学著作中常用的一种法律分类方法。严格地说，这种分类法主要存在于大陆法系国家。这一分类理论最早由罗马法学家乌尔比安提出，他将凡以保护国家利益为目的的法律称为公法，凡以保护私人利益为目的的法律称为私法。在现代，关于公法和私法的分类标准众说纷纭，主要有四种分类方式：一是以目的进行分类，凡以保护公共利益、国家利益为目的的法律就是公法，凡以保护私人利益为目的的法律就是私法。二是以所调整的社会关系的性质进行分类，凡规定权利与服从关系的法律就是公法，凡规定平等主体之间关系的法律就是私法。三是以参与法律关系的主体进行分类，凡规定社会关系主体中至少一方为国家或公共权力者的法律就是公法，凡规定私人之间相互关系的法律就是私法。四是以法律关系的实质进行分类，凡所规定的法律关系的实质为国家组织生活之维持的法律为公法，凡所规定的法律关系的实质为私人生活之维持的法律为私法。尽管各种分类方式的侧重点不同，但无论按哪种标准，民法都属于私法的范畴。

我们强调民法是私法，但并不否认民法的某些规范具有公法性质。因为民法典中的许多规定，都是不能以当事人的合意加以变更的，属于强行法即公法，但它们不占据民法的主体，民法的大部分规定仍属于可以以当事人的合意加以变更的任意性规定，因此，民法原则上为私法。我国法学理论由于长期受苏联法学思想的影响，很长时间内不承认公法与私法的划分，认为任何法律都体现了国家意志，因而都属公法的范畴。事实证明，取消公法与私法的划分是失败的，它为国家权力不适当地干预私人领域提供了依据，进而导致民事主体的民事权利得不到有效的保护。因此，在实行市场经济，强调民主、平等、人权的今天，从理论上进一步明确民法的私法性质，对保障市场经济的顺利发展，减少国家权力对私人领域的不适当干预，加强对民事主体民事权利的保护有着重要的意义。

强调民法是私法，就要求严格区分公共领域和私人领域。在公共领域，国家基于其掌握的公共权力，可对公共领域的诸多事项履行行政管理职能，通过各种形式进行调整或干预。在私人领域，国家则应充分尊重民事主体的意志和利益，由当事人自己决定行为方式和设定权利义务，尽量避免运用公共权力去处理私人事务。一般而言，只有在民事主体之间发生纠纷且不能协商解决时，国家才由司法机关出面以仲裁者的身份对当事人之间的纠纷进行裁决。

（二）民法是权利法

民法的基本内容就是对民事主体所享有的民事权利的确认和保护。我国《民法典》第1条即规定："为了保护民事主体的合法权益，调整民事关系，维护社会和经济秩序，适应中国特色社会主义发展要求，弘扬社会主义核心价值观，根据宪法，制定本法。"可见，确认和保障民事主体的民事权益是我国民事立法的根本理由之一。

民法之所以被称为权利法，是因为民法以权利为本位。从法律的具体内容来衡量，有的以规定义务为本位，有的以规定权利为本位。民法则是典型的以规定权利为本位的法律。无论是国外的民法典（如《法国民法典》《德国民法典》），还是我国的《民法典》，无不是以规定权利为其核心内容。我国的《民法典》就以专章的形式规定了民事权利，这些权利包括物权、债权、人格权、婚姻家庭权、继承权、知识产权等，其他规定也基本上是围绕如何保护民事权利的实现而展开的。

民法之所以被称为权利法，还因为民法的具体内容大多为授权性规范。法律规范按其调整方式的不同，可分为义务性规范、禁止性规范和授权性规范。其中，义务性规范和禁止性规范也可统称为义务性规范，因为二者都是对主体行为的一种约束，其区别仅在于前者为积极义务，后者为消极义务。授权性规范则是一种用规定主体有权为一定行为或不为一定行为的方式来调整社会关系的法律规范，它授予主体以一定范围内的选择权。从民法的具体内容来看，其规范大多是授予民事主体以民事权利。因此，民法本质上是权利法。

强调民法是权利法，客观上要求国家和社会应通过各种方式和措施加强对民事权利的保护，防止侵害民事权利的情况发生。在民事权利遭受不法侵害后，国家和社会应采取有效措施帮助受侵害人获得法律救济，使其权利得以恢复或得到相应补偿。我国是一个没有民主传统、行政权力强大且权利意识淡薄的国家，国家权力不适当地侵入私人领域的情形十分普遍，且公民都对此习以为常。在这种社会氛围下，强调民法是权利法，就更有其实际意义。国家应尊重民事主体的各项民事权利，并为民事主体民事权利的实现提供必要的保障。

（三）民法是市民法

在我国的传统观念里，"市民"似乎是个贬义词，有思想境界不高，为人不够慷慨、大度之意。但民法里所称的"市民"应是中性词，指的是地位独立并追求自身经济利益的普通社会成员。在古罗马，市民指的是罗马公民，是相对于公务人员和道德人而言的一个概念。事实上，即使公务人员，在他们从事公务以外的活动时，同样也是市民。一般来讲，社会不应对市民做过高的道德要求。因为对一个道德高尚的人来说，法律完全是多余的。因此，民法上所称的市民，只是一个有着七情六欲、有着自身利益追求的普通社会成员，他们面对的是法律而不是道德。

在现代社会，人类生活可区分为国家社会生活和市民社会生活。人都必须参加这两种社会生活，但人在这两种社会生活中的地位是不相同的。在国家社会生活中，人是国家的臣民，受国家权力的支配；在市民社会生活中，人则是独立、自由、平等的，他们有权处理属于自己的事务。民法就是以调整市民社会生活为己任的。民法的大部分规范都把民事主体设定为一个有着自身利益追求的市民，并对他们的这种利益加以肯定和保护。从民法的许多具体规定看，如财产所有权、债权、知识产权等，无不体现出民事主体对自己财产利益的追求，只要这种利益追求不违反法律和社会公共利益，民法就予以确认和保护。当然，民法也不是无原则地保护民事主体对自身利益的追求，如各国民法所确立的诚实信用原则，就是对民事主体追求自身利益的一种限制。它要求民事主体以对待自己事务的注意处理他人的事务，不得利用自己的优势地位强迫处于不利地位的相对人。民法的这种限制旨在维护社会的公平正义，实现社会的和谐发展。

作为市民法的民法，是对民事主体一种最起码的要求，是民事主体进行民事活动时必须要遵循的法律准则。在市场经济条件下，民法是市场交易的基本法律，它对市场主体、市场交易规则等均有明确规定，它在确认民事主体追求自身利益的合理性、合法性并对其予以有效保护的同时，也要求民事主体爱人如己、诚实不欺。

二、民法与相邻法律部门的关系

在一国的法律体系中，各法律部门并不是绝对独立、互无联系的。相反，各法律部门总是相互联系、相互影响、相互作用的，也正是由于这种相互联系和影响，使各法律部门有机地统一起来，构成一个井然有序的整体。就民法而言，它与其他法律部门也同样有着这样或那样的联系，其中，与民法关系最密切的是商法和经济法。

（一）民法与商法

所谓商法，是指调整商事组织和商事活动的法律。传统的商法产生于欧洲中世纪，原是维护商人利益、规范商人活动的习惯法。在欧洲资产阶级大革命胜利后，统治阶级为完善调整商品经济关系的法律，一方面，在继承和发展罗马法的基础上制定了民法典；另一方面，又在吸收商人习惯法的基础上制定了商法典，在私法领域内形成了民商分立的格局。在实行民商分立体制的国家中，商法一般包括总则、公司法、破产法、票据法、保险法和海商法等；而在民商合一的体制下，由民法统率商法，在民法典中吸收基本商事规范，不再另行制定商法典。

在实行民商分立立法模式的大陆法系国家中，私法的两个主要组成部分是民法和商法。商法既包括商法典，也包括其他规定了商法内容的法律、法规等。民法和商法同为私法，商法是民法的特别法，它们之间是普通法和特别法的关系。商法调整的对象是民法调整对象的一部分；商法的基本原则来源于民法；民法中许多基本制度也适用于商法，如法律行为，代理等。

民法与商法的区别是：①主体不同。商法的主体是以营利为目的而从事商行为的商事主体。民法的主体则具有普遍性，无论其是否从事营利活动，均属于民法上的主体。②调整对象不同。民法的调整对象是平等主体之间的人身关系和财产关系，而商法仅调整平等主体之间的商事活动以及在活动中产生的营利性财产关系。基于这一特点，商法在有关交易行为、商业管理、诉讼时效等方面的规定有别于民法的规定。③商法具有强烈的技术性。为了促使商业活动有序进行，商人间形成了许多交易规则，这些交易规则往往是非常复杂的技术性规范，如票据的操作流程。与商法相比，民法的调整对象是社会一般人的普通生活，如私人财产、合同、婚姻、继承等，其技术性特点比较弱。④商法具有国际性。由于国际贸易和国际商事活动的发展，商事活动往往跨越国界，从而使商法具有国际性的特点，各国商法在内容上具有明显的共同性或相容性。与商法相比，民法的民族性和地域性的特点非常突出。

在实行民商合一立法模式的大陆法系国家中，商法被吸收到民法之中，故不存在民法与商法的区分。我国在立法模式上采取的是民商合一的体制，因此我国不存在商法这一部门法。不过，这并不影响在法学研究和法学教育领域设立商法这一学科。

（二）民法与民事诉讼法

民法与民事诉讼法之间的关系是实体法与程序法的关系。实体法和程序法是根据法所规定的内容不同对法进行的分类。所谓实体法，是指直接确认法律关系主体的具体权利和义务（或者职责、职权）的法律；而程序法则是保证法律关系主体的权利和义务得以实施的程序或方式的法律。民法是实体法，规定了民事主体的各种民事权利和民事义务；而民事诉讼法是程序法，是为执行民事实体法服务的，是辅助和保证民事实体法得以贯彻实施的法律。

（三）民法与经济法

经济法是调整国民经济运行中的经济关系的法律规范的总称。我们认为，经济法实际上就是经济行政法，即国家权利作用于经济生活，由国家行政机关对国民经济实行组织、管理、监督、调节的法律规范的总称。民法与经济法的区别主要表现为：民法调整的对象不仅包括财产关系，而且包括人身关系；而经济法仅仅调整经济关系；民法调整的是平等主体之间的横向财产关系；而经济法调整的是国家机关与企业、事业单位和自然人之间的纵向经济关系，主体之间不具有平等性；民法适用平等、自愿、等价有偿的基本原则；而经济法则更多地强调国家宏观调控，具有指令性、强制性。

民法与经济法的区别是：①调整对象不同。民法调整的是具有平等性的私主体之间的人身关系和财产关系；而经济法调整的是政府在依法适当干预、管理经济活动的过程中所形成的经济关系。②主体地位不同。在民事法律关系中，各个主体具有平等的法律地位；在经济法律关系中，主体之间处于管理与被管理、监督与被监督的不平等地位。③调整方法不同。民法鼓励当事人采用平等、自愿协商的方法确定财产关系的内容，多采用授权性和任意性的法律规范；经济法则采用政府直接干预、管理、命令的方法，不允许当事人协商确定经济关系的内容，多采用强制性的法律规范。

（四）民法与行政法

行政法是指关于规范和调整国家行政关系的法律规范的总称，它是国家通过行政机关发挥组织、指挥、监督和管理职能的法律形式。民法和行政法虽然都是实体法，但其调整社会关系的性质和范围不同。民法调整的是平等主体之间的财产关系和人身关系；而行政法调整的是国家行政管理关系，在这种法律关系中，一方总是国家行政机关，而且这种行政法律关系具有不平等性、强制性和隶属性的特点。在调整的方法上，民法强调平等，尊重民事主体的意思自治；而行政法则强调的是命令与服从，体现为一定的国家意志，要求被管理者服从国家行政机关的管理。

行政法是规定国家机关的组织及其管理活动的法律规范的总称。民法与行政法的区别在于：①调整对象不同。民法调整的是平等的私主体之间的人身关系和财产关系；行政法的调整对象是国家机关在行使国家权力过程中彼此之间、国家机关与自然人、法人、非法人组织之间发生的社会关系。②调整方法不同。民法采取平等、意思自治的调整方法；行政法采取命令与服从的调整方法。③法律原则不同。民法贯彻平等、意思自治、诚实信用、公序良俗等基本原则；而行政法则强调行政合法性和行政合理性的原则。④法律规范的特点不同。民法中存在大量的任意性法律规范；而行政法则多是强制性的法律规范。

（五）民法与劳动法

劳动法调整的是社会劳动关系，它要解决的是劳动关系中的劳动纪律、劳动报酬、劳动合同、劳动时间、劳动安全与保护、职业培训和劳动争议的解决等方面的问题，它是一个独立的法律部门。由于在劳动关系中，通常实行按劳分配的原则，因而它不是平等主体的等价有偿的财产关系，不属于民法调整的对象。鉴于劳动者与劳动组织地位的不平等，劳动组织天然处于优势地位，因此，劳动法贯彻着保护弱者一方 —— 劳动者利益的基本原则，而且劳动法规范多为强制性规范；而民法则始终贯彻平等、自愿、公平、等价有偿的原则，民法规范也多为任意性规范。

民法与劳动法的区别是：①调整对象不同。民法调整平等的私主体之间的人身关系和财产关系，范围广泛；劳动法仅调整劳动关系，范围较窄。②主体地位不同。民事法律关系的主体之间具有平等的法律地位，无隶属关系；劳动法律关系的主体之间存在着劳动上的隶属关系或者劳动监督关系。③争议解决方式不同。劳动纠纷往往通过劳动仲裁机构和劳动行政管理部门解决；而民事纠纷则会通过普通的仲裁机构和法院解决。

（六）民法与婚姻法

婚姻法是指调整婚姻家庭关系规范的总称。婚姻家庭关系既包括因夫妻共同生活而形成的夫妻共有财产关系、家庭共有财产关系和家庭成员之间的抚养、扶养、赡养等财产关系，也包括因婚姻、血缘而形成的人身关系。这种财产关系和人身关系是民法调整的财产关系和人身关系的组成部分，因此，民法中诸多原则如平等原则、自愿原则、公平原则、公序良俗原则等，对于婚姻法都是适用的。所以，从这个意义上说，婚姻法可作为民法的组成部分，应当将其纳入民法体系中。

第二章
民法的基本原则体系

第一节 民法基本原则的概念

一、民法基本原则的含义

民法基本原则，是指效力贯穿整个民事法律制度的根本规则，是民事立法、民事司法和民事活动的基本准则。民法基本原则体现了民法的基本价值，集中反映了民事立法的目的和方针，对各项民法制度和民法规范起统帅和指导作用。

民法的基本原则，就是民法价值理念的分类化，是所有具体民事制度、民事活动都必须遵循的基本要求，体现着民法的根本精神，是民法的灵魂之所在。从实践意义上讲，任何民事活动都不得违反它们，是所有民事行为的基本底线，也是社会秩序、文化与道德的底线。所谓基本原则，就是贯穿于整个民法体系始终的总精神，这里的"基本"就是最基础的、底线性的、普遍约束性的意思，因而民法的基本原则应当是所有民法规范体系都必须贯彻始终的普遍法则，它指导着具体民事法律制度。因此，民法基本原则，既是一种价值理念上的基础性要求，也是效力上的最高法则。例如，民事法律行为的效力制度就是此类原则的体现，违反民法基本原则的民事法律行为会导致无效或可撤销，如欺诈违反诚信原则，可能会导致可撤销或无效。

民法的基本原则，是由其基本精神与宗旨所决定的。法的精神，就是指法的根本价值取向，法的灵魂，而法的精神必须通过法的基本原则、具体规范来体现。民法的基本精神和宗旨，就是确认和保护民事权益。民法的精神与宗旨的实现，是通过调整民事关系来实现的，而民法基本原则就是民事主体参与所有民事关系都必须遵循的最高要求，即必须遵循的基本价值理念。民法的基本原则，也是宪法中有关公民拥有的人身与财产权利规定的一种延伸与具体化。什么是宪法及其精神？宪法是一个国家的根本大法，一个民族传统与时代精神的集中体现，展现着人民集体智慧文化的总水平与特色，是民族本质自我认识的结晶。现代宪法的本质或精神就是最大限度地规定与保障公民所应当享有的政治、民事等基本权利，因而人们常说，宪法是人民权利的总章程。民法是从民事法律的角度来全面规定民事主体所应有的民事权利的，因而也有说，民法是市民的权利总章程，而民法的基本原则是宪法根本精神在民事方面的具体展现与系统化。从现代法治体系构建角度来看，民法的基本原则体现着现代法治理念，是现代法治精神的集中显现。民法的平等、自愿、公平正义和诚信等原则，也是社会主义核心价值观中的平等、自由等基本内容的民法化，是当代法治精神在民法中的一种系统反映。因此，民法的基本原则，与现代法治精神、社会主义核心价值观在本质属性上是相通的，遵从民法基本原则本身就是在践行现代法治理念和社会主义核心价值观。

二、民法基本原则的特点

民法基本原则主要有以下五方面特点。

第一，民法基本原则是最一般的、高度抽象的民事行为规范。民法基本原则不同于民法的具体规范，它是一种极为抽象的最一般的民法规范，是针对抽象民事行为而设置的一般准则，是从具体的民事法律制度和民事法律规范中抽象出来的带有普遍指导意义的行为基本准则；而民法具体规范则是从属于特定民法制度的规范，是针对具体民事行为而设置的具体规则。另外，违反民法基本原则的法律后果是不明确的，而违反民法具体规范的法律后果则是明确的、具体的。

第二，民法基本原则是价值判断的准则。民法基本原则包含着维护社会公共利益和经济秩序的基本原则，它指引民事主体行为的方向，是民事主体进行民事活动的指南，也是制定、解释、执行民法和正确处理民事纠纷的重要依据。

第三，民法基本原则的内容具有根本性。民法基本原则反映了民事活动和民事法律关系的本质特征。《民法典》中明文规定的基本原则体现了立法者的指导思想和价值取向。

第四，民法基本原则的效力贯彻始终。民法基本原则对民事立法、司法和进行民事活动的全过程具有普遍的指导意义。

第五，民法基本原则的形式具有非规范性和不确定性。民法基本原则的存在是为了帮助人们准确地理解和适用民法，其本身并非法律规范，而是非规范性规定中的原则性规定。它并非调整法律关系的独立依据，而只有补充的性质，必须与其他民法规范结合起来才能发挥法律调整的作用。同时要注意，不能在有具体民法规定的情况下直接适用民法的基本原则，否则会造成民法规定的软化和向一般条款的逃逸。只有在没有具体民法规定时，才适用民法的基本原则。法律的规定可以分为确定的规定和不确定的规定两类。确定的规定具体全面地规定了权利享有者和义务承担者的行为条件及其法律后果，没有给司法机关具体个别的裁判提供自由裁量的余地；不确定的规定并不是对权利义务各方的行为模式和法律后果进行明确规定，而是运用模糊概念授予司法机关考虑具体情况进行自由裁量的权利。民法的基本原则属于不确定规定。

三、民法基本原则的功能

民法基本原则的功能主要表现以下三方面。

第一，立法准则的功能。民法基本原则是制定民事基本法及次级民事法律的立法准则。立法者在制定民事法律时须首先确定民法基本原则为民法的根本出发点，民法的具体制度和规范应当以民法基本原则为指导。

第二，行为准则和审判准则的功能。在民法规范对有关问题缺乏规定时，当事人应自觉以民法基本原则为行为准则。同时，民法基本原则也是司法机关就民法规范未作具体规定的社会关系所发生的争讼进行裁判的审判准则。民法基本原则还具有授权司法机关进行创造性司法活动的功能。

第三，法律解释和法律漏洞的弥补功能。由于民法的各项制度和民法规范是按照民法基本原则的精神制定的，因此，民法基本原则为人民法院或者仲裁机构解释民法规范划定了界限。此外，由于法律是有局限性的，或者说存在一定的矛盾，表现为立法认识的有限性与社会生活关系的无限性的矛盾、成文法典的相对稳定性与社会生活的易变性的矛盾、法律的正义性与法律具体规定在特殊情况下适用的非正义性的矛盾，故成文法典的局限与漏洞难以避免。这就为法官的自由裁量权留有余地。民法基本原则的确定，一方面意味着在成文法存在局限或漏洞的情况下授予法官自由裁量的权力；另一方面意味着把这种自由裁量权限制在符合基本原则要求的范围之内。于是，民法基本原则通过法官自由裁量权的授予与限制，发挥着克服成文法局限性和弥补成文法漏洞的功能。

总之，民法基本原则是立法者制定法律时的一种准绳，是制定具体法律规范的一种依据；是司法者适用法律时进行法律解释的依据和准绳，在法律没有具体规定或规定存在漏洞时，可以根据民法的基本原则作出裁判以弥补法律的不足；是民事主体在进行民事活动时的基本行为规范的准则。

四、民法各原则的关联

（一）原则与法则、规则、准则

原则与法则、规则、准则在意义上既存在相互联系，又有着根本区别。在哲学意义，法则是最高效力的原理，通常称其为普遍法则，它是原则、规则与准则产生的根源。原则是法则的具体化，是现实中的法则。原则又是规则的总根源，原则需要一系列的规则来体现；或者说，某个领域的规则都要受到某一或某些原则的支配。如果说法则、原则和规则都具有普遍性，那么准则却属于特殊性范畴。准则是个人把自以为法则、原则或规则的东西当作自己行为的标准，准则是个人认可的行为依据，因而准则具有个人性、主观性、特殊性。同时，准则所依据的法则、原则或规则是行为人主观化了的东西，不再保证其原有的客观普遍性。因此，四者是从普遍到个别、从抽象到具体的转换。

法则本身是客观的、普遍的、永恒的法。法则是客观存在的，是不以人的主观意志而改变的，是永恒的、不变的，因而它在效力上是普遍的，即法则对任何人都是有效的，而不论个人承认与否。例如，孟德斯鸠把法则称为法，并认为人有人的法，神有神的法，自然万物都有其特有的存在法则。我国古代的老子很早就提出并详细论证了道的概念，这个道就是普遍永恒的客观法则，并指出天道、地道、人道三大道及其相互关联法则，人的法则要受到天、地之法则的制约。道作为普遍法则是无形的、抽象的，是万物之源，人只有用思维才能把握。西方的自然法理论，把自然法则视为永恒的普遍法则，它是人定法的合法性依据。自然法则本身是永恒不变的理性法则，是人在自然状态下自动生效的法则，是人的自然存在法则。而人定法只能说是原则和规则，是人主观创造的行为标准，它往往被认为是对自然法则的一种认识与模仿，但前者并非对后者的真正描写。

原则在本质上是主观的，正如人们常说的，你有你的原则，我有我的原则；但这个原则只是行为的抽象理念，是行为的总方针和指导，并非具体的规则，例如，人人平等原则、人格自由原则。不同的民族也有各自奉行的法律原则，近代以来英国人把个人自由视为最高原则，而法国则把平等视为法律和国家的灵魂，德国则把个人自由与国家普遍利益相统一视为最高原则。规则是行为应当遵循的具体规范，法律规则是法律所拟定的具体行为规范，是具有国家强制性的普遍有效的行为标准，人们必须遵从，否则就要受到法律的制裁。准则，是现实中每个人行为时所设定的具体行为依据，他可以把某个具体的普遍法则、法律原则或法律规则作为自己的行为依据，也可以依据自己所设想的某种原则作为其行为依据，作为其行为准则。因而准则完全是个人自己的选择与决定，不具有普遍有效性，而只对行为人自己有效。但是，如果自己所选择的准则是与法律原则、规则相违背时，就会构成所谓的违法，因而可能会受到法律的惩罚。康德曾经对法则与准则进行了区分，他认为法则是普遍的、客观的，而准则是个别人的行为规范，而且只有准则符合了法则时，这个行为才是理性的。他提出这样一个法则，即每个人在行为时都应当始终使自己行为所依据的准则，能够同时成为普遍法则，那么自我就是一个理性立法者。同时，人应当使自己行为所依据的准则能够与普遍法则相一致，这时人才是理性的守法者。康德三大律令中最为根本的普遍法则是目的论法则，即任何人行为时应当始终把自己和他人的尊严与人格都当作其行为的目的而非手段，这就是自由并存的普遍法则。如果把自己偏私的准则当作普遍法则，那就是自负，自负必然导致行为的失败或对自己和他人的伤害。因此，原则是介于法则与规则之间的规范要求，是现实化了的普遍法则，它又是所有具体规则的总要求。

民法所体现的普遍法应该是民法所应当遵循的最高精神，而民法的基本原则和具体规则都是从此发生而来的。从这个角度来讲，民法的普遍法则应该从人自身及其相互关系中来寻找，个人自身及其存在的社会关系的基本法则也可以从不同视角进行解构。人之所以为人的前提就是享有人格尊严和人身自由，反映在法律上就是人享有权利，人与人所构成的社会关系在法律上就是法律关系，因而法律应当遵循的普遍法则应当是权利至上，即权利应当受到普遍尊重。民法所应当遵循的普遍法则就是人格尊严与权利至上法则。民法的基本原则是民法普遍法则的具体化，是民法的普遍法则的主观具体化，对民法的立法、完善与适用都有着普遍指导意义，任何民事立法行为与民事法律行为都不能背离它。

（二）各基本原则的相互关联

民法的基本原则，彰显着民法的基本理念与总体精神，贯穿于整个民法规范体系中，展示着民事立法的价值取向。民法的基本理念主要有平等原则、自愿原则、权利受保护原则、公平正义原则、诚实信用原则、公序良俗原则和绿色原则等。这些原则既相互促进，又相互制约，共同构成了一个完整的民法原则系统。

民法的基本原则，不只有简单的一个，而是由多个原则构成的一个完整系统。每个原则不仅具有各自的含义，还具有不同的功能与地位。

第二节　民法原则的分类

一、前提性原则：平等原则

（一）法哲学与宪法上的平等

平等有多重含义，如法哲学上的人格平等，宪法上的自由平等，政治权利上的平等对待与关怀，民法上的权利享有与义务承担上的平等。法律上的平等，是指法律之上无人且之下亦无人，人人都是法律之内的人，法律权利享有与义务承担上一律平等，没有特权与歧视。我国当代的社会主义核心价值观，其中的一个层面就是自由、平等、公正，而全面的法治建设，首先要让人们感觉到平等自由，相信法律确实是主持公平正义的，而民法作为法治的基础法律，也必须体现社会主义核心价值观，平等则是价值体系中的一员，也是民法的基本原则之一。我们在探讨民法上的平等原则之前，可以就法哲学上的平等大致进行一个体系化分析。

法哲学意义上的平等，是指每个人作为人在抽象人格上是平等的，即人格平等。马克思认为，平等理念最早是由基督教提出的，早期基督教教义规定了所有的人都是人，人人在上帝面前是平等的，都是上帝的子女，人与人之间是平等的兄弟姐妹关系，也都享有上帝的平等关爱与保护，并不认为奴隶不是人。现代法治哲学理念下的平等，主要是指法权人格上的平等。法权平等是近现代法哲学的核心理念，近代契约自然法理论认为人天生是平等的，人人都享有平等的生命权、财产权、自由等自然权利，这些自然权利对于任何人都是平等的；而西方近代法律只是把这种天生平等规定为普遍规则，当然这种平等也只是形式的平等，并且形式上的平等也没有真正全面贯彻到底。

现代宪法都宣称人人平等原则，人人享有平等的法律地位和权利，也都必须平等地遵守法律，不得有任何人享有超越法律之上的特权；人人都享有得到法律平等保护的权利，人人在法律上都不得受到歧视；人人在受到严重生命生活困难威胁时，都享有得到国家救助的权利；人人都享有参与国家治理的平等机会，如（被）选举权、申诉举报控告权利等。但是，即便当代一些宪法宣示了这些平等原则，在具体法律规定上也还存在种族、性别上的不平等，现实中不平等观念与现象从来在一些国家中没有中断过。只有在社会主义中国，不仅在宪法和法律上能够把平等原则贯彻始终，而且在现实中也能够尽力做到人人平等。

（二）民法上的平等

法律的平等，是指每个人在法律上的人格尊严与人格权利是平等的，每个人都平等地享有法律上确认的基本权利并受到法律的平等保护。民法上的平等，是指当事人在民事活动中的地位平等。这里的法律地位，是指所有的人在法律上的地位没有高低贵贱之分，都是平等的民事主体。进一步来讲，民法上的平等是指，每个人都是人，不论男人、女人，穷人、富人，官员、平民，都叫作自然人；不论是公有企业还是私有企业，在民法上都叫作法人或其他组织，谁也不比谁的法律地位高或低，谁也不能强制别人。法院欠债，也要依法负有偿还的义务。男女平等是最易于理解的平等，婚姻法中规定了男女平等原则，夫妻在家庭中的地位平等。

最普遍的平等，是市场交换上的平等，因为市场交换与竞争的前提就是平等，每个市场主体都拥有平等参与市场交易与竞争的权利。双方自愿合法的交易都被视为符合平等原则，这只是形式上的平等，一种机会上的平等。

国外有一个典型故事，原来我们用来批判资本主义的金钱至上观，但这一故事也同时是对民事平等原则的一种诠释：爷爷与孙子的帽子故事。孙子放学后开始做买卖帽子的生意，有一天带着没有卖完的帽子回到家里，爷爷见到后便想要一顶帽子，而孙子如何对待爷爷的想法呢？孙子说，爷爷应当和其他人一样付钱购买，而爷爷听后不仅没有责备其不孝顺，反而非常高兴，并大加赞赏。为什么爷爷大加表扬孙子？因为他为其孙子已经知道并遵循做生意的基本原则而高兴，这个基本原则就是市场经济的平等精神，平等交换就是平等对待。我们有时也常说，亲兄弟也要明算账，这也体现着市场平等。同理，如果是老师与其所教的学生、医生与病人之间进行买卖交易，是否违反平等原则？这在英国法律上规定为推定存在优势一方利用了其优势地位，这种不平等、不自愿的交易是可以请求法院宣布为无效的，除非能够证明没有利用这种不平等的身份关系，是双方完全自愿的。

再如，改革开放初期某乡政府以政府名义，到个人饭店吃喝多年欠款几十万元，并说饭店归属政府所管，吃了白吃，打的白条也不偿还。这在民法上，就是违反平等原则，从根本上违反民法的基本精神，在经济上违反市场经济法则。市场之中市场主体之间法律地位没有高低之分，谁也不能强制他人，谁也不能不履行自己的义务，即便是政府、法院欠债也要依法承担偿还的义务。

我国目前对于民法的平等原则，有着不同观点：第一，有人认为《民法典》中不应该把平等作为一种基本原则来规定，因为平等不仅是民法的基本原则，还应该是所有法律的基本原则，宪法就已经把平等规定为法律的基本原则，就是众所周知的法律面前人人平等原则，因而民法就没有必要再重复规定平等原则。第二，有人反对上述观点，反对者认为平等虽然是法律的基本原则，但民法上的平等原则与其他法律的基本原则有着明显的区别，民法上的平等指的是民事地位上的平等，是民事主体之间不具有从属或支配关系，而宪法上的平等原则主要指的是抽象的人格平等，是守法意义上的平等，是任何人都没有超出法律之上特权的平等。第三，有人对现行民法规范中对平等的定位存在异议。这种观点认为，《民法典》不应该把民法的调整对象规定为平等主体的民事关系，而应该把平等二字去掉。其理由是，民事主体之间本来就是平等的关系，而该条应该简要表述为：民法是调整民事法律关系和保护民事权利的基本法律。民事上的平等，主要是指主体之间没有隶属管辖关系，不是内部关系或命令服从关系，单位内部业务关系、行政管理关系不是民法上的平等。总之，民法上的平等原则，主要是指民事主体在法律上的地位平等，每个民事主体都是独立的民事主体，民事主体之间不是隶属关系，更非支配、命令与服从的管辖关系。换言之，平等意味着每个民事主体都拥有同等的民事主体资格，拥有同等的民事权利能力，因而平等是民法上主体资格上的基本特征。总而言之，平等是指民事法律关系中的民事主体特征，平等原则是民事主体参与民事活动的前提性原则。平等是自由的前提，自由原则才是民事主体主观意志上的平等，是民法的根本性原则，彰显着民法的根本属性。

二、核心性原则：自愿原则

（一）自由的一般概念

自由是自古至今人们讨论最多，对人最重要，同时也是最有争议的论题。关于自由的热点话题很多，例如，什么是自由，自由与现代法治精神有何关系，自由与市民社会、市场经济有何关系，人类的自由梦想是否能够实现。我们在讨论民法自愿原则之前，要大致探讨一下自由到底是什么。卢梭在其《社会契约论》的开篇就提出了自由的理念与现实的张力问题，"人天生是自由的，但是，也无处不在枷锁中。那些自认为是别人的主人的人，实际上是比其他人更加彻底的奴隶"。人天生本来是自由的，自由是人应有的本质属性，是人天赋的自然品性，但现实中的人却总是在枷锁之中受到外在的约束，现实中并不存在完全的自由。卢梭由此揭示了人的天赋自由与现实自由之间的张力，揭露了专制制度下是不可能有真正的自由的，人的天赋自由受到了现实专制的压制。法国现代自由主义大师贡斯当揭露了宪法上规定的自由与现实中自由状态的不一致性，"法国曾经颁布过的所有宪法都说要保障个人自由，然而，在这些宪法的统治下，个人自由却不断受到侵犯"。宪法条文中规定的自由平等，现实中却是另一种情况，这说明自由不能仅存在于理论上，也不能仅停留于法律条文上，而应该实现于现实生活中。由此看来，西方一直向往的所谓自由只是停留在理论假设与宪法宣言上，真正的自由根本不能实现。这也说明现实的自由是多么弥足珍贵，自古以来多少志士仁人和伟大哲学家所追求的自由境界是多么难以完全实现。

自由是所有法律的总精神，人类所有的法学、法哲学都在不断地探求人的自由及其实现问题。自由是人的梦想，完美的自由也被一些人认为只是一种乌托邦，是人间的天堂。乌托邦就是人的最佳生存状态，是人的理想王国，是自由王国，而在这个理想王国里，每个人都是自由的，每个人都是自己的国王，也是这个国家的国王，每个人都是自己的主人，任何人都无须依从于他人。同时，自由王国里，人人都应该是圣人，人人也都拥有神圣不可侵犯的自由权利，人人也都自愿承担着不侵犯他人的神圣责任，这就是理性人。我国传统文化里没有自由和自由人的词语，但并非没有与此相应的词语与概念。我国古代的所谓圣人就是拥有自由能力的人，就是理性人，在西方的文化里就叫作自由人格。我国的圣人概念就相当于西方的理性存在者、自由存在者，也是正义存在者，圣人之所以是圣人，就是因为他们知道什么是正义之事，并愿意做正义的事，不去做伤天害理的事。圣人王国在本质上就是自由王国，在这里人人皆为君子，只有人人都是君子，人人才会拥有真正的自由，人人都是作为理性自由存在者而存在着。

在哲学意义上，自由被视为人的本质，人失去自由就意味着人失去了做人的资格。西方的自由理论主要有以下两种类型。

一是消极的自由。它是人作为人所应当拥有的最低限度的自由，即不受他人干预的自由。只要一个人不被强制，那么他就是自由的了。权力的唯一职能就是保护个人的自由权利不受他人侵害，政府充当着为公民看家护院的守夜人角色，超越这一职责界限就是政治暴虐。这就是所谓个人自由主义原则，这种自由也被作为最低限度的自由。这是个人本位的自由理念，突出了个人自由至上精神。但是，这种自由理念存在根本的缺陷，即个人自由易于与国家普遍利益相冲突，而处理这种冲突的原则仍然是个人自由至上，即国家利益让位于个人自由，因为这种自由理念奉行的是个人自由才是国家的根基，而非相反。在这种个人自由至上理念之下，社会和国家公共利益就很难得以保障。后来的功利主义者密尔就修正了英国早期的纯粹个人主义自由观，提出了社会责任之下的个人自由观。密尔在其《自由论》中阐述了其著名的自由概念，并提出了自由的两层含义：在纯粹私事领域和在不危害他人利益时是自由的，不应当受到社会力量的干预与强制；但是，当个人自由危害他人和社会利益时，他就必须向社会交代，对自己的自由行为负责，而且社会力量也有权对其进行过问、干预与惩罚。虽然这种自由理论一定程度上修正了洛克消极自由的理论缺陷，强调个人自由应当受到社会整体利益的限制，但密尔自由理论的本质仍然是消极自由，突出个体自由本位的法治理念，强调个人自由永远是国家发展昌盛的根本动力。

二是积极的自由。积极自由就是拥有理性能力的自由，理性能力就是指能够按照理性法则而行为的自主能力。积极自由强调人只有在理性法则上才是自由的存在者，认为只有拥有理性能力才是自由的，而人要成为自由存在者，就必须遵循理性法则，因而自由存在者也一定是理性存在者。如果个人缺乏或失去理性能力，那么国家就有义务帮助其拥有理性，甚至强制其遵循理性法则。康德良知说的本质就是理性自由，他认为人只有在遵从普遍法则时才是自由的，而良知就是自觉地把普遍的理性法则纳入自己内心，而普遍法则的核心理念就是把人当作目的而非手段。而黑格尔则把自由视为人的本质，自由只有在主观法与客观法相统一的层面上才是真正的自由，真正的自由是个人特殊性与国家普遍性的统一。因此，积极自由有时又被称为意志自由，其本质是整体自由，这与英美法系的消极自由的个体自由相对应。

实际上，积极自由与消极自由都有局限性，因为积极自由的本质是国家普遍性而非个体性，个人的自由只有在国家普遍性中才有意义，奉行的主要是国家利益至上理念，强调自由的共存，强调整体的自由。消极自由则走向了另一个极端，这种理论过分强调个人自由，而忽视了国家整体利益，因而这也是一种极为片面的自由理念。真正的自由应该是两者的结合，而这种结合只有在社会主义中国才能真正实现。

（二）民法上的自由概念

自由是所有法律的基本价值理念，是所有法律的根本原则，而民法是有关民事主体的自由原则与规则的法，是规制民事主体自由及其限度的基本法。民法上的自由，是私法意义上的自由，与公法上的自由是有明显区别的，尽管两者在本质上是统一的和相互关联的。公法上的自由，是指公民的基本政治权利，是个体参与国家政治生活的基本自由，如选举和被选举的自由。

自由在我国民法中的表述一般是"自愿"。自愿原则就是指，凡是民事事务都由民事主体自己决定，别人没有权利对其进行干预。自愿原则有以下几层含义：一是，凡是我自己的私事，都由我自己来决定，这就是私事自治原则。二是，自我决定的民事事务，自己要对其负责，这就是自我决定自我责任，因而自由意味着责任。三是，自愿的反面含义就是免于他人干预，而他人干预我的民事事务就是对我的自由的冒犯，因而自愿意味着免于强制。

有人把民法上的自愿原则视为自由，也有人反对把自愿与自由等同起来。但是，可以肯定的是，西方的私权自治原则或民事自由原则，与我国民法上的自愿原则是相通的或相对应的概念。当然，自由的概念，就其本身的含义而言，要比民法上自愿原则的含义宽泛得多。也可以把民法上的自愿原则视为自由概念的一种具体化。

自由表达自我意志的能力，与个人的年龄和智力有关，即理性是自由能力的前提，这在民法上就是主体资格问题。民法上民事能力就是民事主体资格，就是民法确定的、能够作为民事主体参与民事活动的资格，这种主体资格在我国《民法典》中规定为民事能力制度。民事能力由两方面构成：一是民事权利能力；二是民事行为能力。两者有何区别？权利能力人人平等，是抽象的权利享有，而民事行为能力是主体能够用自己的行为来行使民事权利和履行义务的能力。自然人只有达到一定年龄且智力正常，才具有相应的民事行为能力。如果与没有相应的民事行为能力的人达成合同，就会存在合同效力问题，无行为能力人所订立的合同是无效的，而限制行为能力人超越其行为能力所签订的合同则是相对无效的，即一般是效力待定的。只有完全行为能力人，在自由的情况下依法订立的合同，才是有效的。

民法上最典型的自愿原则，就是所谓的契约自由。每个民事主体都有权依照自己的意愿去参与民事活动设立、变更、终止民事法律关系，而合同关系是最为常见的民事法律关系。依照自己的意愿，就是不受他人的支配或强制，这种免于干预与强制的自由原则是英国式最低限度的自由。违反自愿的情形与法律后果的制度规定，体现着民法的基本价值理念。私权自治是对权力非法干预的一种否定，只要不违反法律、侵犯社会公共利益或其他人的合法权益，权力就不能对民事主体的私权行为进行干预。在现实中，合同自由的立法价值就是保障民事主体免于权力的非法干预，权力的滥用是任何一种市场经济所面临的最具杀伤力的暗器，我们国家社会主义市场经济构建过程必然也会出现权利与权力的冲突问题。权力腐败的根源，往往在于权力非法干预合同自由，并从中非法牟利，反腐败也要注意民事领域的权力干预问题。对于合同自由理念的违反，本质上就是对社会主义核心价值观的一种践踏。因此，应当对违反合同自由的各种现象予以足够重视，不能把合同自由与核心价值观体系割裂开来，既不能放任合同欺诈泛滥，也不能任由权力干预合同的腐败现象任性发生。合同自由，绝不能理解为民事主体可以为所欲为，而是在尊重法律前提下的自由，是在不侵害他人和社会公共利益的前提下的自由，因而合同自由是遵从法治下的自由，也是受到法治保护的自由。

总之，自由是人的本质，自由在法律上的体现就是权利，而法律就是规定人自由的限度，而构建权利的体系，其最终目的就是使人成为拥有自由权利的法律主体，促成一个自由人的共同体。自由是民法的根本精神，民法的基本使命是保护民事合法权益，而合法权益的本质就是自由。自由在我国民法制度中通常表述为自愿，而自愿就是依照自己的意愿在法律范围内处分自己的民事权利。自愿原则尽管是民法的核心原则，彰显着现代法治最为核心的价值理念，但是也要受到诚信、合法、公序良俗与绿色等基本原则的限制。

三、补充性原则：诚信原则、公平正义原则

补充性原则是对前提性原则和核心性原则的补充，其包括诚信原则、公平正义原则。

（一）诚信原则

诚实守信，不仅是人应当遵循的基本准则，也是人与人之间相互交往的基本规则，还是一个良好秩序所必备的社会法则，是一个民族的文明标志。人无信不立，国无信则不昌，诚实信用之核心要义是相互依赖与尊重，因而它不仅是个人的美德，也是一个良好国家所应当具有的基本德性。不说谎，诚实对待他人，不欺、不诈、不坑蒙拐骗，童叟无欺，这是一个人应当严守的道德底线。

市场经济是一种基于诚信原则相互依赖、相互合作与共同发展的经济运行模式。银行、保险、证券等金融类企业，都是以最大诚信为根基的，而企业的商标品牌，就是一个法人的诚信标牌。诚信就是一个经济组织的生命，一旦一个企业失去了基本的诚信，那么它就必然会走向破产。整个市场一旦没有诚信原则作为基本保障，那么这个国家的经济秩序就必然会混乱无序，最终走向崩溃。从反面来讲，如果欺诈现象充斥社会各个角落，成为一种公害，严重阻碍着市场经济的健康发展，严重伤害或威胁着每个人的身体健康和生命安全，那么这样的市场经济秩序还是良好的吗？而这一问题的彻底解决仅仅依靠民法的救济是远远不够的，还要依靠行政法、刑法等法律的共同努力。

有人认为，诚实信用是民法的唯一原则，其他的平等、自愿等原则都可以归入这一原则；也有人认为，诚实信用仅是一个抽象的道德法则，不是法律规范的范畴，不能作为民法的基本原则。这两种观点都有其道理，但诚实信用作为基本道德原则其实也是民法的基本原则，法律的最终目的就是塑造人的基本美德，构建良好的社会经济秩序，促进一个民族和国家的文明进步，法律只是对这种基本道德予以确认和普遍化。

我国的诚信原则，是指在民事活动中，民事主体要做到两方面：一是秉持诚实；

二是恪守信用。诚信原则是作为基本原则规定于《民法典》中的，具体体现在以下几方面：第一，订立合同时，违反诚信原则，就可能要承担缔约过失责任。如有恶意串通等违反诚信原则的且造成损害的，就要依法承担赔偿责任。因受欺诈而订立合同的，合同生效后的法定期间内是可以向人民法院或仲裁机构起诉或申请要求撤销该合同的效力。第二，在履行合同中，设定了合同保全制度，该制度规定代位权和撤销权。代位权是指，当债务人怠于行使其到期债务，而又不履行对其债权人的债务时，债权人依法有权以自己的名义，代位行使其债务人的债权。撤销权是指，债务人违反诚信原则，恶意延长其到期债权的履行期限或者无偿转让物权且伤害债权人利益时，债权人依法享有向人民法院请求撤销债务人该行为的效力。这是对于债务人严重违反诚信原则而又伤害到债权人的债权时，法律所赋予债权人干预债务人民事法律行为的法定权利。其立法目的，既是对债权人合法权益最大限度的保护，又是对民法诚信原则的维护，还是对整个市场秩序的维护。合同解除权法定情形之一，就是因为债务人违反诚信而产生的，当债务人预期违约或现实违约致使不能达到合同目的时，债权人有权依法解除合同，并追究债务人的违约责任。第三，合同履行后还要履行基于诚信原则的随付义务，如保守商业秘密、个人信息的义务，给予对方技术指导等必要帮助义务。违反这些诚信义务导致对方损失的，也应该依法承担相应的责任。第四，诚信原则还有补充法律规定缺失的作用，以及解释民事法律行为的功能。当民事法律规范对某种民事行为进行相应的规定时，或者当事人双方对某一法律行为产生分歧时，人民法院可以依据诚实信用原则进行裁判。

总之，诚信原则要求当事人真诚履行自己的义务和行使自己的权利。诚信原则在本质上是对自愿原则的一种限制与补充，即便是当事人自愿的民事法律行为，也不能违反诚信原则，如欺诈或恶意串通侵害他人利益的行为。因此，诚信原则，在整体上对于民事立法与适用都有着指导作用。

（二）公平正义原则

民法作为基本法，如同其他法律一样，是以公平正义为其基本品性的，因为民法维护民事主体的合法权益本身就是公平正义理念的体现，这就是当代基于权利的公平正义。正义，在法理上讲有多重含义，诸如，占有正义、分配正义、所得正义、交换正义、矫正正义、形式正义、实质正义和程序正义、结果正义。正如柏拉图所说，正义不仅是个人所需要的美德，也是国家和法律的首要法则，而柏拉图所说的正义是指每个人都应当承担与其德性相匹配的职责，都要各司其职地为国家整体昌盛做其应尽的贡献。这就是基于德行的整体正义理论。亚里士多德的正义理论是指应得其所得的正义，即每个人都应得其所应得的东西，不过分多得或少得，包括财产、职务和赏罚等方面的分配。过分得到其不应该得到的东西，或者过分少得到其应得的东西，都是违反公平正义原则的，这就是分配正义或占有正义。亚氏的另外两种正义，就是基于分配正义上的交换正义和矫正正义。

民法的公平正义原则，体现于整个民法体系中，物权、合同、侵权责任等民事制度分别体现着占有正义、交换正义和矫正正义。第一，民法中的物权律制度体现的正义原则，就是占有正义。占有正义，主要是指财产权上的正义，只要是依照正当手段占有的财产都是合法的，都是应当受到民法保护的民事权利，任何人不经法律程序不得对他人的财产占有权进行干预。第二，合同法律制度体现着交换正义。交换正义主要体现为合同正义原则，就是只要是经过合法契约而取得他人民事权利的，就是正义的，就应当受到法律的保护。合同正义原则体现在以下几方面：其一，合同的成立要基于双方的自愿，不得强制、欺诈，这是合同订立程序上的正义。其二，合同的内容上，权利义务的分配要平衡，不可使当事人一方过分享有权利而使对方承担过多的义务，或者强加于对方过多的责任，或者免除一方过多的责任。公平正义原则的最主要的体现，是合同权利义务要公平合理，不得严重偏离正义价值，因而公平正义原则的本质就是互惠原则。其三，合同不得侵犯第三人合法权益。例如，债务人与第三人约定无偿转让其财产权时，不得伤害债务人的原债权人的债权，否则债权人有权依法向人民法院起诉要求撤销债务人无偿转让行为。第三，侵权责任制度和合同违约责任制度的立法目的就是维护公平正义，这种正义属于矫正正义。矫正正义，就是对那些侵犯他人权利的不法行为和违反契约的违约行为进行的一种纠正。

国家对违反公平正义原则的民事行为，必然要进行必要的干预，干预的手段在民法层面上主要是设定民事法律行为效力制度和民事责任制度。这种干预制度，主要有两种：一是对违反公平的民事行为适用可撤销制度；二是对严重违反公平的民事行为适用无效制度。具体来说，一种情况是，对显失公平的行为可适用可撤销制度，即对明显的不公平民事行为，国家并不完全否定其效力，也不完全承认其效力，而是规定受害当事人一方享有事后决定是否依法撤销其效力的选择权，而不是由国家直接规定其无效。这种干预是一种间接干预，国家允许当事人事后拥有撤销权，而一般民事法律行为生效后是不允许当事人任何一方撤销的。另一种情况是，国家直接把严重违反公平正义的民事法律行为规定为无效，这就是无效制度。例如，合同中约定的一方当事人对于其伤害对方身体而免责的约定，或者对于故意或重大过失而损害对方财产而免责的约定，国家是不承认其约定效力的，因为这种不公平的约定是国家不能容忍的，触动到了国家公平正义的最基本道德底线。因此，严重违反公平正义原则的行为可能是无效或可撤销的，其立法目的不仅在于保护个体正义，还在于维护社会的整体正义精神。

四、限制性原则：合法原则、公序良俗原则、绿色原则

限制性原则的突出特点是，它们是义务性原则，其立法目的是对自愿原则的一种法定限制，限制性原则主要包括合法原则、公序良俗原则和绿色原则。从法理上讲，对民事自治的限制，本身不是为了限制而限制，限制的最终目的是更好地保护民事主体的私权自由，或者更好地维护所有民事主体之自由所需要的整体秩序与公共道德精神。因此，个人私权自由不能违反合法原则，不能违反公共秩序、良好风俗与绿色发展原则。绿色原则是最近才在民法中作为基本原则而出现的，这是我们对社会发展与环境保护之间关系之现实与理论反思的结果。违反这些限制性原则的民事法律行为要么是可撤销的，要么是无效的。

（一）合法原则

合乎法律是民法的法治底线，违反法律就是违反国家意志，违反社会整体利益，国家必然会出面干预。因此，违反法律的民事活动都是不会受到国家保护的，民事法律行为无效制度的设立，本质上就是体现国家对民事活动的一种最强的干预意志，对私权自治原则的一种强制性限制，是一种绝对限制。这种限制表明了国家对违法行为的基本否定态度，任何违反法律的民事法律行为，都是国家不予承认与保护的，也是国家根本不允许的，即便民事当事人双方都是自愿的。民事自治只有在法律许可的范围内行使，才能获得真正的自由，也才能得到国家的保护。这种合法原则，在法哲学上也是一个自古以来，尤其是近代的自然法学派等法学流派所主张的一种法治理念。洛克、孟德斯鸠等都明确阐述了个人自由与法律的关系，都一致强调个人只有在法律范围内的行为才是自由的，如果超出法律就不再自由了。因此，法律是个人自由的界限，也是国家干预自由的界限。民事合法原则，是对民事自治的一种限制，也是国家干预民事自治的一种理由与界限。但是，法律不是万能的，也有其局限性，法律并不能对所有的民事活动情形都作出规定，如果没有法律规定，民事活动就只能依据公序良俗原则，而公序良俗原则在一些社会法学家眼里就是活的法律，具有法律的效用，违反此原则的民事活动也是效力上有瑕疵的民事行为，会产生如同违反法律一样的法律后果。因此，公序良俗原则也是对民事自治原则的一种限制性原则，下面我们来讨论公序良俗原则。

（二）公序良俗原则

公序良俗，是指一个社会的公共秩序和良好风俗。我国《民法典》中规定的公序良俗原则，是指民事主体的所有民事活动都必须遵循公共秩序、良好风俗，违反此原则的所有民事法律行为都是无效的。

1. 风俗与民族精神

风俗是一个民族长期形成并流行的风气、礼节、习惯等，其内在蕴含的是历史传统和时代精神，而法律体系是建立在社会风俗与民族精神之上的普遍规则。民族精神需要外在的行为规范来体现，风俗与法律是两种基本的民族精神载体，"一个民族的'精神'便是如此，它是具有严格规定的一种特殊的精神，它把自己建筑在一个客观的世界里，它生存和持续在一种特殊方式的信仰、风俗、宪法和政治法律里——它的全部制度的范围里——和作成它的历史的许多事变和行动里"。民族精神，是一个民族生存所依据的基本理念，它体现为这个民族特有的法律、习俗等现象。一个民族的历史，就是这个民族的精神理念的形成史，是这个民族本质特性的自我认识及其客观化的演进过程。一个民族的文字、法律、制度改革以及经济政治大事件，等等，都是这个民族精神的自我敞开和自我展示。风俗是传承一个民族的精神基因，也会经历从青壮年到老年的过程，这个过程就是民族精神的生成与更新完善的进程，在一个民族的发展中，最高点便是它对于自己的生活和状况已经获有一个思想——它已经将它的法律、正义、道德归为科学，因为这种（客观的和主观的）统一里含有"精神"自身所能达到的最深切的统一。没有思想就不会有客观现实性，这种民族思想就是对一个民族根本特质的普遍揭示和深层把握，是一个民族对自己的目的和使命的自我反思，是一个民族理想的一种科学归纳和理性展示。风俗习性的发展，首先要体现为一种民族思想原则体系的深层变更，或者叫作思想革新。其次体现为法律制度的变革，这只是民族思想意识改进的必然结果。民族思想只是在理想层面上提出这个民族所需要的核心价值理念，而民族生活则是一种现实的东西，它是民族理想的外在客观化，因而一个民族的思想意识与这个民族的现实生活状况虽然并非完全一致，但存在着紧密的关联。民族精神彰显着这个民族的本质与性格，这种民族个性需要通过其民族意识、民族观念、民族风俗和法律制度等来展现，同时民族精神又是不断发展着、更新着的。

一个民族通过发展来不断发现和展现自我本质，不断揭示并证明民族自我本质的伟大性与正确性，探讨将其民族精神如何公理化。民族精神的公理化过程，也是这种公理被这个民族整体接受与践行的过程，只有这样民族精神才会现实化为人们的实践活动，形成人们的自觉行为，这种现实化是通过风俗习惯信仰来完成的。风俗习惯信仰的背后必然蕴藏着一种精神的东西，风俗习惯信仰必然是一个民族精神的现实展示，绝不是一种偶然的外在现象。精神，本身是一种自在物，但它如果离开人的活动和制度，那么就只是一种抽象的东西而不具有现实性。因此，风俗作为一种精神产物必须由人的活动与制度来呈现。

2. 法与风俗的一般关系

风俗处于法律和宗教之间。法律是由人规定的并由国家强制力保障的一体遵行的行为规范，宗教是通过戒律、启示和规劝来促使人们遵循的行为规范和精神信仰，而风俗则是一种人们长期形成的行为规范和处世观念，它是靠众人的聚合力自动起作用的，是长期稳定的行为规范，其本质是一个民族性格的体现，因为风俗是这个民族在某个时代或整个民族历史过程中逐步形成和演进的行为规范与风尚理念。风俗往往起着类似法律的作用，人们在风俗面前并没有反抗的自由，因而风俗具有一定的强制性，这种强制性是出于世俗的舆论压力，这是因为人们害怕被众人视为异类而不得已遵从之。当然，人们一旦接受了风俗理念，就会从内心去遵守这种风俗，而无须外在的压力。风俗是没有文字规定的法律，而法律是由官方文字固定下来的风俗，风俗与法律的根本区别主要体现在，风俗不是依靠国家强制力来得以遵行的，风俗是由人的内心确定形成的一种信念，风俗是必须自觉遵从的，否则就无法与人交往了。再者，风俗是一种根深蒂固的、世代坚守的规范与信念，具有较强的社会性和稳定性。风俗在信念上具有宗教的一些属性，两者都是具有自动起作用的行为规范，都具有一些精神信念的属性，因而都是规范和信念的统合，也都是依靠启示与规劝而让人接受的，而不是依靠国家权威来产生和执行的。

在法治社会，风俗习惯是法治的基础与补充。卢梭认为，最为重要的法律，是深深地根植于人内心中的法律，这种法律就是道德良心，这是民族精神的集聚，是效力最大的法律。这种良知最终体现为一种风俗习惯，这种风俗习惯在人定法失灵时也仍然会起到法律的作用，风俗与道德并不直接分开，而会被作为基本道德来对待，风俗与道德一样是法律所必须依赖的社会大众基础。风俗也可能带来一定的偏见，但是它和偏见一样，一旦形成就很难改变，这就是风俗的力量公理与风俗也具有内在的联系，公理要想得到人们的普遍遵守，就必须将其转变为人们的风俗习惯。因此，风俗要具有合理性，最佳的路径就是借助于国家的力量，由国家把公理法则培植于人的风俗习惯中。换言之，公理要转换为风俗习惯，也需要国家进行合理的组织，而这种转换的有效手段之一就是法律。

风俗与法律关系，在孟德斯鸠法的精神体系中是一个重要的法哲学话题。在孟德斯鸠看来，风俗与法律是一般与特别的关系，两者都具有法的意义，风俗是一种活在人内心中的法律，是无须国家强制而自动生效的"活法"。风俗的这种"法律"属性是不可忽视的，风俗不应当通过强制手段加以消除或改变，法律是一个国家的特殊制度，习俗则是一个国家的一般制度。因此，就不应该用法律去改变习俗。用法律改变习俗会显得过于粗暴蛮横。由此看来，风俗的效力要高于人定法，因为风俗彰显着国家的一般制度、民族的伦理根基。我们一般认为，风俗只不过是一种民族习惯而已，是一种偶然的社会现象，甚至把风俗与恶俗混为一谈，而没有从民族国家的精神层面来看待它。黑格尔是从民族和国家层面来阐述风俗的精神本质的，认为风俗是一个民族的精神积淀，是一个民族自我本质认识程度的反映，风俗也是一个民族精神特质的自然显现。而孟德斯鸠把风俗视为一种国家的一般制度，这意味着风俗具有类似自然法的意义，只不过是一个特定国家的自然法则。法律本身并不能直接解决风俗问题，因为法律主要调整手段是强制，而风俗根本上是自然形成的，法律与风俗的区别是，法律规范的对象是公民的行为，而风俗规范的对象则是法自然人的行为。风俗有好坏、优劣之分，在不同政体的国家里会产生不同属性的风俗，良好风俗的国家就不需要过多的法律。风俗不宜于用法律的手段来强制改变，更不能用暴力来改变它，但是可以通过立法在政体原则允许之下来改善人们的风俗，限制一些与政体精神相背离的不良风俗。风俗与法律都是一个民族的基本精神的体现，而民族精神体现着这个民族的性格特征。

风俗与政体是相互影响的，有何种类型的政体就会有相应的风俗，而腐化的风俗往往会使政体败坏。专制之下，送礼就必然成为一种时尚与风俗，而送礼的本质是一种权力腐化，是对平等理念的一种否定，是对个人财产的一种制度性掠夺。孟德斯鸠认为，在专制政体下，贪污是一种普遍现象，而没收财产也是常见的，个人财产权是没有法律保障的，而在共和国里，没收个人财产是一种非法剥夺，是对于共和国平等原则的冒犯。平等是共和国的基本精神特质，在共和国里，剥夺一个公民必要的物质生活，便是做了一件坏事，就是破坏平等，平等是共和政体的灵魂。在专制国家里，向上级送礼是必然的事，送礼是一种习惯，送礼是迫不得已的事，而非出于某种品德，因为在专制国家里，既无荣誉又无品德；而共和国的原则是品德，良好风俗是共和国的基础。奢侈是品德的大敌，奢侈是财产不均的结果，是一种不必要的浪费，它不仅使个人的私欲膨胀，也会腐蚀社会风气，进而破坏法律，败坏社会风尚。因而共和国法律要限制奢侈，制定有关节俭的法律。奢侈总是伴随着生活腐化，淫乱就会变成一种普遍的风气。民主政治社会需要培养人民的俭朴的习惯，需要形成朴实、勤劳的风俗，避免那种游手好闲的腐化习气，因为只有那些拥有良好风俗的民族才能作出伟大的事业，而那种坠入腐化堕落习性的民族是不可能干出什么大事的，而哲学家和教育家应当肩负起培养和引导年轻人服从良好风俗的好习惯。孟德斯鸠认为，要塑造良好的风俗，就必须加强法治，而真正的法治只有在良好政体中才能构建，这种良好政体也只有在共和政体国家中才能出现，因而共和政体的核心问题就是权力制约问题，解决这一问题的关键就是权力在法治之下的合理分工与相互牵制与共同协作。从风俗与法治相互关系的角度来看，良好风俗也只有在三权分立的良好政体中才能实现，因而也可以说，风俗与法治政体之间具有相辅相成的辩证关系。孟德斯鸠的三权分立设想本来是为了防止权力腐败，但西方历史与现实反复证明，在资本主义制度下是根本不可能依靠形式上的三权分立来实现真正的权力约束的，而只有在社会主义制度下的中国才能真正实现权力制约理念，使权力规制在以为人民服务理念为根基的法治体系之内，而民法正是我国全面法治体系中的基础部门法，它对权利、权力和风俗之间的相互关系都有相应的规范与调整。

3. 民法与风俗

风俗是民法的最早渊源，而民法又反过来通过调整人们的民事活动来影响、塑造人们的风俗，风俗是一种约定俗成的被人们长期遵从的行为规则，是活着的法。习，即常态的行为；惯，即反复出现的行为。风俗是某个民族所拥有的共同习惯。风俗一般是基于一定的理念而长期形成的较为固定的行为规范，它也是人们普遍认可并具有普遍约束效力的规范，尽管它没有被明确规定为法律规则。

民法与风俗的关系主要表现在以下几方面：首先，民法来源于风俗，民法的早先渊源是习惯法，习惯法是对于习惯的法律认可，使习惯具有了法律上的普遍性和有效性。其次，民法的最终目的就是培养良好的社会风俗，使良好法律规则变成人的一种风俗习惯。民法的使命，就是通过调整民事关系，维护民事合法权益，来塑造一种良好的社会秩序，而这种社会秩序的实质就是公序良俗。最后，我们不仅要看到民法塑造守法习惯的功能，还要注意到良好习惯是形成遵行民法规范的坚实基础。守法习惯的扩大就是文明风俗，而如果说习惯是个人性格的显现，那么社会风俗就是一个民族精神特质的体现。

公序良俗，是民法理论体系中的一个极为重要的单元，以前却并没有引起理论上应有的重视。我们现在通行的说法是，公序良俗是公共秩序和良好风俗的合称。公序良俗的本质是一个民族共同的精神风貌，是一个国家法治体系的产生根基和运作平台。风俗习惯作为一种较为固定的行为处事规范，是人们在较长时间内形成并得到人们普遍承认的，在一定程度上相当于法律的效力，而这种效力本身并不是依靠国家强制力来保证实施的，而是依靠社会的普遍压力和个人自觉来自动生效的。我国现实中就存在法律与风俗冲突的例子，例如，春节燃放烟花爆竹，生子、升学中的随礼现象。我国一些地方制定了春节禁止燃放爆竹的条例，规定凡是违反规定者轻者罚款，重者要受到行政拘留，但一开始人们照样燃放大气环境污染，立法目的无疑是良好的，但是人们长期形成的风俗并不能一时依靠法律完全禁止。当经过一段时间人们普遍理解与接受这种法律制度后，会知道这对自己和他人都是有利而无害的，就会自觉地依法约束自己的行为。有的地方规定禁止除婚丧嫁娶以外的随礼，对国家公务人员办理婚丧嫁娶的规模也作出了详细的规定，违反者要追究相关人员的责任，主要是行政责任，其目的是塑造一个良好的社会风俗习惯。例如，某个争议较大的案件，房屋买卖合同中卖方没有事先告知买方其房屋曾经发生自杀事件，合同履行后买方才得知这一情形，买方认为自杀是一种不吉利的事件，并认为卖方应该事先告诉他，而卖方却没有告知，构成一种欺诈，依法应该拥有撤销合同的权利；而卖方认为，自杀并非合同的必要内容，卖方没有告知此事的义务，并且认为对方把自杀当作晦气事件是一种迷信，法律不应该保护封建迷信。该案件的关键问题在于，卖方是否应该告知买方此事，如果有义务而没有告知，并影响到合同的签订的，那么就会构成合同欺诈行为。而是否有告知义务的关键是，自杀是否影响到合同的订立。对此问题有两种对立的回答：支持卖方的人认为自杀是一种事实行为，而那种认为自杀是不吉利的观念是一种迷信、一种不科学的落后思想，卖方没有告知的义务，也就不构成欺诈；支持买方主张的人认为，这不是迷信问题，其理由是，自杀在中国传统风俗里确实是极其重大的事件，一般认为这是不吉利的，是凶宅，一般理性的人是不会去购买的。客观地讲，自杀晦气的确是一种迷信现象，但是这也长期形成的一种观念，对当事人心理会造成不良影响，会直接影响到合同订立，因而卖方事先应当如实告知对方。

我们有必要区分一下良好风俗与恶习。不是所有的风俗习惯都是合乎道德和法律的。例如，挖祖坟的行为，曾经被认为只是一种不道德的行为而不是法律问题，当然也不是民事法律问题，并认为这纯粹是一种迷信现象，不属于民法调整的范围。祖坟虽然不是人的真正居所，只是埋藏去世的人的地方，但祖坟在民间被视为一种神圣之地。中国传统中有崇拜祖先和祭拜先人的习俗，敬祖如神灵，并且把坟地视为一种风水之地，如果坟地被人挖掘，就等于是破坏坟地主人家的生存运气，虽然这是没有科学根据的，但它确实会给人带来精神的不快，深深地伤害着其家人的人格尊严。因此，挖祖坟也是一种民事侵权。有些地方曾经盛行配阴婚的习俗，甚至出现通过买卖尸体甚至杀害活人来配阴婚的恶性事件，这不仅不是良好风俗，还是严重的侵权或犯罪行为。

法律并没有直接规定公序良俗，其中的公共秩序情形还较易于判断与把握，而良好风俗在现实中往往很难把握，例如，所谓的"小三"接受赠与是否属于违反良好风俗，这也是近年来颇受争议的民法现实问题。这种现象曾经引起社会的激烈争论，一个富人临终前留下遗嘱把自己的房屋赠与他的一个相好的年轻女士，男的死后发生房屋纠纷，遗嘱是否有效呢？遗嘱自由与公序良俗有冲突吗？很多人认为"小三"是应该受到谴责的，不应得到这种不义之财，这种遗嘱违反良好风俗原则，应当是无效的。但反对的声音也很多，认为遗嘱是私权自治原则的体现，不能因为受赠人是女性就违反了公序良俗，这会导致对女性的歧视。在一些地方还有跪拜长者的风俗，这是一个具有一定复杂性的社会现象，本身没有恶性，但现在也都不再盛行了，只有在某些行业还保留着跪拜收徒的习俗。

不得违反法律与公序良俗的法则，其实质就是对民事权利的一种否定性保护，也是对个人民事自治的一种限制。当个人私事行为涉及公共利益与良好风俗时，就要受到一定的限制，而这时的个人私事就不完全是个人的事情了，因为私事不得妨碍人们共同生存秩序与公共道德诉求，私事不能超越公序良俗，否则就会破坏人们共同交往的良好环境，就会造成个人之间的自由冲突。因此，私权自由原则从来都是相对的，个人自由绝对不是为所欲为的自我任性，而是要顾及他人权益和公共利益，否则就会造成他人的不自由或社会的混乱。

4. 公序良俗原则的意义与效力

公序良俗包含公共秩序与良好风俗两个方面，公共秩序是一个社会所应有的正常秩序，诸如公共场所秩序、公共文明秩序或公共利益，是多数人所共同享有的生活良好状态或环境。良俗是指良好风俗习惯和相互友善与尊敬的社会传统。良好风俗就是人们长期形成并自觉遵从的行为规范，起着如同法律的作用，如我国的拾金不昧、尊老爱幼的传统。公序良俗是人们公认的基本生活秩序，是人们之间相互交往或相处所必须遵从的秩序或规范，是人们长期以来形成的良好生活习性，是一个民族生活特征与精神特质的体现，也是传统民族习惯与当代精神创新的一种结合。

公序良俗的属性，既是一种不成文的民族社会风俗，也是人们生活中活生生的有强烈约束力的共同规则，例如，我们常说的"规矩""潜规则"。因此，公序良俗的效力与法律具有同等性，法律是人们必须遵守的，而公序良俗也是人们不得不遵守的，我国《民法典》也明文规定了公序良俗原则，人们在民事活动中应当遵循公序良俗，违反此原则的民事法律行为是无效的。公序良俗原则主要起到限制民事自治和权利滥用的作用，《民法典》第 8 条规定："民事主体从事民事活动，不得违反法律，不得违背公序良俗。"《民法典》第 143 条对民事法律行为效力的法定要件中也有同样的规定：民事法律行为"不违反法律、行政法规的强制性规定，不违背公序良俗。"这是一种典型的禁止性民法规范，是对任意性规范的一种限制，体现着国家对私权自治原则的一种强制性干预。《民法典》继承了《民法》公序良俗原则的规定，这一概念在此之前只是作为理论上的一种探讨，没有任何法律规范性意义。违反法律的民事法律行为是无效的，而违背公序良俗原则的民事法律行为与违反法律具有同样的法律后果，即无效。《民法典》第153条第2款规定："违背公序良俗的民事法律行为无效。"这里的无效是绝对无效，与违反法律具有同样的法律后果。显然，公序良俗原则具有法律规范的效力，是民事法律行为必须遵从的。

公序良俗原则在效力上具有法律的同等效力，但是公序良俗情形又是法律没有规定的，例如，换妻、配阴婚、定亲礼等。换言之，只有在没有法律相应规定，而又侵害到公共秩序或者违反了良好风俗时，才能适用这一原则。如果法律已经规定某种情形是违法的，那么就不能再适用公序良俗原则来作为裁判的依据了，例如，重婚、赌博、欺诈等。确实有一些学者把重婚、赌博作为适用公序良俗原则的常见情形，其实这是在阐明该原则在法律中的体现。从本质属性上看，违约行为、侵权行为也都违反了公序良俗原则，但是因为已经有法律对此作了规定，那么就无须再适用公序良俗原则了。由此看来，公序良俗原则具有弥补法律空白的功能，以防止因法律某种真空而导致民事纠纷无法得到法律上的应有救济。

（三）绿色原则

绿色原则，本身就是我国社会发展到新阶段所提出的新发展理念，绿色发展是新发展理念中的重要内容之一。将绿色发展理念作为民法规范的基本原则进行规制，这是我国民事立法走向成熟与完善的体现。

1. 绿色原则的立法问题

绿色原则作为民法的基本原则，主要体现的是社会整体利益，因而其功能是对民事自愿原则的一种限制，其最终目的无非是实现个人利益与整体利益的一种和谐。《民法典》第9条规定："民事主体从事民事活动，应当有利于节约资源、保护生态环境。"把节约资源与保护环境纳入民法体系，并将其置于总则显要位置，这足以说明我国对绿色原则的重视程度。首先，绿色原则是对民事活动的一种约束。只要是民事活动都应当受这一原则约束，显然它不是权利性规定，而是义务性规定。其次，其内容上包括两方面：一是节约资源；二是保护环境。节约资源，在一般情况下应当理解为，它是对民事活动行为的一种控制，要求人们从事民事活动时要节约资源。这里的关键问题是如何理解"节约"，节约本身应该是一种道德提倡，带有规劝的语气。而且对于如何衡量节约也是一个现实问题。与节约资源相对的情形，主要有两种，一种是正常合理地利用资源；另一种是浪费资源。节约资源的要求，比正常利用资源要高一个层次，而浪费资源又比正常利用资源低一个层次。由此看来，节约资源是一种较高的要求，它更倾向于一种口号式的提倡，或者说它是一种愿望性道德诉求，而非最低限度的道德要求。法律上如何衡量"节约"就具有了不确定性，因为节约与否在现实中是非常难以判断的。据此，在法律行文上可以参考如下表述：从事民事活动，应当合理利用资源，不得浪费或破坏资源。

2. 绿色原则的法源回顾

在《民法》（已失效）颁行之前，我国《宪法》、有关行政法等法律法规对资源节约与环境保护已经作出诸多规定。

首先，《宪法》针对资源与环境问题的相关规定。《宪法》第 9 条对自然资源的种类与归属进行了列举式规定，"矿藏、水流、森林、山岭、草原、荒地、滩涂等自然资源，都属于国家所有"，并且规定了国家对自然资源的特殊保护措施，"国家保障自然资源的合理利用，保护珍贵的动物和植物。禁止任何组织或者个人用任何手段侵占或者破坏自然资源。"注意这里的行文：国家保障自然资源的"合理利用"，禁止侵占与破坏，而《民法典》的行文是"节约资源"，其节约主体不是国家而是民事活动主体，不是保障而是"有利于"。其次，《宪法》第 26 条规定："国家保护和改善生活环境和生态环境，防治污染和其他公害。"这里的环境有两个，一是生活环境；二是生态环境，而这两个环境都需要国家保护和改善。这里需要注意的是，一般只需要规定"保护"即可，为什么又多了个"改善"？这说明《宪法》制定时已经出现环境恶化情形。保护是正面的规定，而"防治污染和其他公害"则是从反面进行的一种规制。因此，《宪法》有关环境保护与防治污染的规定，就是民法绿色原则的原初法律渊源和《民法典》的《宪法》依据。

其次，《环境保护法》《矿产资源法实施细则》中的相关规定。1989 年颁布的《环境保护法》第 6 条规定："一切单位和个人都有保护环境的义务，并有权对污染和破坏环境的单位和个人进行检举和控告。"这里的保护环境义务是一切人都必须承担的义务，当然也是一切活动都必须遵行的行为规范，这当然也包括民事活动。任何人都有对污染和破坏环境者进行检举和控告的权利，这说明这种违法行为不仅是一般的民事侵权行为，还是行政违法或刑事犯罪行为。因此，保护环境不仅是一个民法问题，还会涉及行政违法与刑事犯罪问题。由此看来，保护环境早在 1989 年就应当是民事活动应当遵循的一般行为规则，并且是禁止性规范，即任何民事活动都必须遵守的民事规范。只是这一规范还没有在当时的《民法通则》中加以明文规定。1994 年颁布的《矿产资源法实施细则》第 17 条对合理利用和保护矿产资源进行了相关规定，探矿权人应当"遵守有关法律、法规关于劳动安全、土地复垦和环境保护的规定"。该实施细则第 31 条规定，采矿权人应当"有效保护、合理开采、综合利用矿产资源""遵守国家有关劳动安全、水土保持、土地复垦和环境保护的法律、法规"。这里就明文规定了探矿人和采矿人应当遵守环境保护的法律，而这些探矿人和采矿人可能就是合同当事人或他物权的取得人，因而也就是民事活动主体。这些相关民事主体必须履行"有效保护、合理开采、综合利用矿产资源"的法定义务，并且这些义务是强制性规范，而非任意性的规范。这也可以说是早期的民事绿色原则的法律渊源之一。

最后，除了《矿产资源法实施细则》《环境保护法》等法律法规外，《民法通则》也把环境污染作为一种特殊侵权进行了明确的规定。

总之，不能说《民法典》规定绿色原则之前，我国就没有禁止破坏和保护资源环境的规定，更不能说那些规定对民事活动没有法律上的约束力。现在似乎有一种观点认为，《民法典》第一次规定了民事活动不得破坏资源环境的禁止性规则，而对以前的保护环境实现绿色发展的诸多法律规范视而不见，给人的印象是，好像现在我国才开始保护环境。当然，明文把保护资源环境作为民法的一个基本原则进行规定，在我国现代民法史上还是第一次，并且近年来我国自然资源有效利用和环境保护方面取得的显著成果，也是有目共睹的。

3. 绿色原则与民法体系构建

为了更好地保护资源与环境，解决长期以来积累的资源浪费与环境污染问题，《民法典》在总则编中，把绿色原则列为民法的基本原则。尽管绿色原则现在已经成为民法的基本原则，但是如果没有科学有效的具体保障制度，那么这一原则也可能沦为一句美丽的口号。笔者认为，可从以下几方面提供具体保障制度。

首先，《民法典》中的绿色原则需要进一步准确化。建议从以下几方面着手：一是，一切民事活动都必须遵守有关资源环境的法律法规，把合理利用资源和保护生态环境明确规定为民事主体的一般法定义务。二是，明确规定任何违反绿色原则的民事活动都是无效的。现行《民法典》并没有明确规定绿色原则的效力问题，这方面应当参照公序良俗原则效力的规定，即违反公序良俗原则的民事法律行为无效。三是，在总则的时效制度中，明确规定违反这一原则的民事责任追究与索赔不受诉讼时效的限制。

其次，处理好绿色原则与其他民法基本原则的关系。第一，绿色原则与诚实信用原则的关系，两者有时很难区分，例如，当事人没有尽到环境保护的诚实告知义务，这既违反了诚实信用原则，也违反了绿色原则。第二，如何理解与把握绿色原则与公序良俗原则的关系。有学者把绿色原则纳入公序良俗原则，认为前者是从后者自然延伸出来的，把违反绿色原则视为违反公序良俗原则的一个方面。这在逻辑上似乎有道理，但是这种看法忽视了绿色原则的独立性和应有价值，也不利于绿色原则的现实适用。

再次，在《民法典》的各种民事制度中都应当适当地体现绿色原则。人格权、物权、合同、侵权责任、知识产权等都要尽量地体现这一原则，落实绿色原则，对社团自治、所有权神圣、合同自由、遗嘱自由等进行必要限制，主要是经由民事法律行为的效力判断实现的。在具体情境中实现绿色原则对民事法律行为效力的影响，需要立法者供给更多具体规则，也需要裁判者积极探索。有人建议在《民法典》人格权中增加环境权与健康权，并在环境权下面扩展出环境保护权、环境健康风险防范权等，民法绿色原则反映了生态文明建设的时代要求，在人格权编中确认良好环境权，是以公众健康为目的的环境保护制度完善的重要方面。这种良好环境权就是具体的环境人格权。有人建议引入环境物权概念，并增加环境要素物权；在相邻关系等制度中突出环境保护，体现绿色原则，使用将环境物权纳入用益物权编等方法来构建环境物权。绿色原则不仅需要实体法的全面确认，更需要通过行政、司法等实践加以严格贯彻落实。

最后，完善现有诉讼法，更好地维护绿色原则。第一，应当完善诉讼时效制度。《环境保护法》第66条规定："提起环境损害赔偿诉讼的时效期间为三年，从当事人知道或者应当知道其受到损害时起计算。"这是直接规定环境污染损害赔偿的民事诉讼及其时效的情形。但是，环境污染、破坏资源的严重危害行为，其诉讼时效不应当限于三年，而应当不受时效限制，只有这样才能更好地防止破坏资源环境的侵权行为。第二，加强公益诉讼在维护绿色原则中的特有作用。针对环境侵权问题，除了一般民事诉讼以外，又出现了一种新的诉讼形式，即公益诉讼。第三，完善民法与刑法的制度衔接，使两者更好地相互配合，避免以民代刑现象。以民代刑的做法，客观上并没有起到彻底禁止严惩违反绿色原则的违法行为，而如果只追究刑事责任而忽视民事责任，同样既不利于绿色原则的有效遵行，也不利于受害方合法权益的有效保护，因而必须把民法与其他法律有效衔接起来，相互配合来共同维护绿色原则的普遍遵行。

第三章
民事法律关系

第一节　民事法律关系概述

一、民事法律关系的含义

民事法律关系是民事法律规范调整的、以民事权利和民事义务为内容的平等的社会关系。它是民法调整的平等主体之间的财产关系和人身关系在法律上的表现。民事法律关系具有以下特征。

1. 以民事权利和民事义务为内容的社会关系

民事法律关系是一种权利义务关系。任何民事法律关系一经建立，当事人即互享民事权利、互负民事义务；或一方享有权利、另一方则承担相应义务。如，日常生活中常见的买卖合同，买方和卖方之间的买卖合同关系一经建立，买方即享有取得标的物所有权的权利，同时承担支付价款的义务；卖方即享有取得标的物价款的权利，同时承担交付标的物的义务。买卖双方之间的买卖合同关系即以双方享有的民事权利和承担的民事义务为内容。

2. 民事法律关系体现了双重意志

民事法律关系首先体现当事人的意志。除法律规定外，大部分民事法律关系的建立，必须遵循自愿原则，当事人双方不能达成意思表示的一致，则民事法律关系难以建立，如日常生活中最简单的买卖合同关系，买卖双方就标的物的价格、数量、质量等充分表达自己的意愿，达成意思表示的一致，买卖合同关系才能成立。民事法律关系又体现国家意志。国家对民事法律关系通过各种强制性措施加以保障，使当事人的民事权利、权益能够得以实现，对法律关系中不履行义务的一方则科以相应的法律责任进行制裁。

3. 民事法律关系是平等的社会关系

民法调整的社会关系发生在平等主体之间，民法实行的基本原则之一是平等原则，由此也就决定了民事法律关系是一种平等的社会关系。无论是个人、法人、国家机关，还是社会团体，在民事法律关系中都是独立的，互不隶属，地位平等，平等地享有民事权利和承担民事义务。

二、民事法律关系的分类

民法调整平等主体之间的各种财产关系和人身关系，因此也会形成各种各样的民事法律关系。为了正确区分和把握各种民事法律关系，可根据不同的标准，作如下分类。

（一）财产法律关系和人身法律关系

根据民法的调整对象，民事法律关系可分为财产法律关系和人身法律关系。财产法律关系指民事主体在物质资料的生产、分配、交换和消费过程中形成的，以满足人们的财产利益需要的民事法律关系。它包括财产所有关系和财产流转关系，前者如所有权法律关系，后者如买卖合同债权法律关系。

人身法律关系指与当事人的人身不可分离、以人格利益或者身份利益为客体的民事法律关系。它包括人格关系和身份关系，前者如生命权法律关系、健康权法律关系、姓名权法律关系、肖像权法律关系、名誉权法律关系等，后者如监护权法律关系、亲属权法律关系等。

区分财产法律关系和人身法律关系的法律意义在于：两种民事法律关系中权利主体所享有的权利性质不同。财产法律关系中，权利主体所享有的是财产权，一般具有可让与性，如所有人可将自己的财产所有权通过买卖、赠与等方式转让给他人。而人身法律关系中，权利主体所享有的是人身权，人身权具有人身依附性，一般不具有可让与性，如权利主体所享有的生命健康权等，必须依赖于特定的人身存在，不得转让。

财产法律关系根据权利人实现权利方式的不同，又可分为物权关系和债权关系。

物权关系是指权利人可以按照自己的意思直接支配物，无须义务人的积极配合即可行使并实现其权利的民事法律关系。如所有权法律关系，所有人行使并实现所有权，无须义务人的积极作为，其对自己的物可直接进行占有、使用、收益和处分。

债权关系是指权利人必须依赖义务人的一定行为，才能行使和实现其权利的民事法律关系。如，买卖合同法律关系，买方取得标的物所有权的权利必须借助于卖方交付标的物的积极作为才能实现，卖方取得价款的权利必须借助于买方支付价款的积极作为才能实现。

区分物权关系和债权关系的法律意义在于：掌握物权关系和债权关系的不同特点，有助于正确理解和把握民法中物权和债权法这两大基本的财产权法律制度。

（二）绝对民事法律关系和相对民事法律关系

根据民事法律关系中义务主体的范围，民事法律关系可分为绝对民事法律关系和相对民事法律关系。

绝对民事法律关系指法律关系的义务主体是权利人以外的一切不特定人的民事法律关系。如，物权律关系、人格权法律关系。在绝对民事法律关系中，不特定的义务人所承担的是消极的不作为义务。

相对民事法律关系指法律关系的义务主体是具体的即特定的人的民事法律关系，如债权法律关系。在相对民事法律关系中，特定义务人所承担的主要是积极的作为义务。

区分绝对民事法律关系和相对民事法律关系的法律意义在于：①有助于正确确定民事法律关系中的义务主体及其所承担的义务，绝对法律关系中的义务主体是不特定的任何人，而相对法律关系中的义务主体则为特定的人；②有助于明确民事法律关系中权利主体行使、实现权利的特点，绝对法律关系中权利主体享有的权利是支配权，权利主体可凭自身的意志行使并实现权利，而相对法律关系中权利主体享有的权利是请求权，权利主体必须请求对方当事人为或不为一定行为，才能实现自己的权利；③有助于区分《民法典》侵权责任编和合同编所保障的权益范围，前者保障的是绝对法律关系，后者保障的是相对法律关系。

（三）单一民事法律关系和复合民事法律关系

根据民事法律关系内容的复杂程度，民事法律关系可分为单一民事法律关系和复合民事法律关系。

单一民事法律关系指只有一组相对应的权利义务内容的民事法律关系。如，在所有权法律关系中，所有人享有占有、使用、收益和处分的权利，非所有人承担不得妨碍的义务，当事人之间只此一组对应的权利义务关系。

复合民事法律关系指由两组或两组以上相对应的权利义务共同构成的民事法律关系。如买卖合同关系中，存在两组相对应的权利义务：一是买方享有取得标的物所有权的权利，卖方承担交付标的物的义务；二是卖方享有取得价款的权利，买方承担支付价款的义务。买卖合同关系就是复合民事法律关系。

区分单一民事法律关系和复合民事法律关系的法律意义在于：有助于合理确定当事人的权利、义务和责任。

（四）权利性民事法律关系和保护性民事法律关系

根据民事法律关系形成和实现的特点，民事法律关系可分为权利性民事法律关系和保护性民事法律关系。

权利性民事法律关系，是指民事主体依其合法行为而形成的、能够正常实现的民事法律关系。保护性民事法律关系，是指因不法行为而发生的民事法律关系。例如，财产所有权关系就是一种权利性民事法律关系，而财产被他人损坏所产生的侵权损害赔偿关系则是保护性民事法律关系。

三、民事法律关系的构成

任何一个民事法律关系的构成都需要有主体、内容和客体三项要素，缺一不可，要素发生变化，具体的民事法律关系也发生变化。

（一）民事法律关系的主体

民事法律关系的主体，又称民事主体，指参与民事法律关系、享受民事权利和承担民事义务的人，即民事法律关系的当事人。民事法律关系是一种社会关系，社会关系发生在人与人之间，因此法律关系的构成必须有作为法律关系主体的人参加，民事主体是构成民事法律关系不可缺少的一个要素。民事法律关系的主体必须是双方，任何一方主体可以是单个人，也可以是多数人，此处的"人"与生物学意义上的人是不同的，作为民事主体的人是法律确认的、在社会生活中可以以自己名义享有权利、承担义务的人。

依照我国民法的规定，可以作为民事法律关系主体的包括以下几类。

（1）自然人。自然人指因出生而获得生命的人类个体，即生物学意义上的人，是民事法律关系的最重要的参与者。

（2）法人。法人是与自然人相对应的概念，是指具有民事权利能力和民事行为能力，依法独立享有民事权利和承担民事义务的组织。如国家机关、有限责任公司、股份有限公司等。

（3）非法人组织。非法人组织指不具有法人资格，但是能够依法以自己的名义从事民事活动的组织，如合伙企业。非法人组织可以以自己名义参与民事活动而成为民事法律关系的主体，但其并不能独立地承担民事责任。

（4）国家。在特定的情况下，国家也可以成为民事法律关系的主体，因为国家不仅是国家主权的代表，同时又是国家财产的所有者，当国家参与民事活动时，它就成为民事法律关系的主体，如国家作为受赠人承受自然人或法人赠与的财产、国家发行国债等。

（二）民事法律关系的内容

民事法律关系的内容指民事主体所享有的民事权利和承担的民事义务。民事法律关系是一种权利义务关系，如果仅有法律关系的主体，而主体之间没有权利义务，仍不能发生民事法律关系。因此，民事法律关系的内容要素是构成民事法律关系的必备要素。

民事权利和民事义务是任何民事法律关系都不可缺少的两方面内容，权利和义务是相对应存在的，权利的内容通过相应的义务来表现，义务的内容则由相应的权利来限定，一方的权利就是他方的义务，一方的义务就是他方的权利，没有无义务的权利，也没有无权利的义务。如，买卖合同关系中，卖方所享有的取得标的物价款的权利就是买方所负的支付价款的义务，而买方所享有的取得标的物所有权的权利，就是卖方所负的交付标的物的义务。交付标的物和支付价款的权利义务就是买卖合同关系的内容。

民事法律关系的内容要素会直接决定民事法律关系的性质和类别，是划分各类民事法律关系的重要依据，因此，民事法律关系的内容要素在民事法律关系构成的三要素中居于主导地位。如，一方支付价款、取得标的物所有权，另一方交付标的物并取得价款，该民事权利、民事义务的内容决定双方当事人之间成立的是有偿的买卖合同；一方无偿取得标的物所有权，另一方承担交付标的物的义务，该民事权利、民事义务的内容决定当事人之间成立的是无偿的赠与合同。

四、民事法律关系的客体 —— 物

（一）物的概念和特征

1. 物的概念

民法上的物，是指能够满足人的某种需要，可以为人所控制，并且具有一定经济价值的财产。作为民事法律关系客体的物是十分广泛的，它既可以是天然物，也可以是劳动创造的物，但民法上的物又与一般意义上的物不同，它不仅应具有物质属性，而且应具有法律属性。

2. 物的特征

（1）物存在于人身之外。民法上的物是民事权利的客体之一，人类虽然也是动物的一种，但人是享有独立人格的民事主体，所以不能把人作为法律关系的客体，能作为法律关系客体的物只能是存在于人身之外的物。实践中，人身的组成部分如果与人体脱离，则可以成为法律关系的客体，如捐赠血液、器官等。此外，人死亡之后已无生命，主体资格已消灭，所以尸体可以成为物，如捐赠遗体用于医疗事业。

（2）物能够满足人们社会生活的需要。民法上的物须具有可使用性，即具有价值和使用价值，物只有具有一定的经济价值，能够满足人们的社会生活需要，人们才希望占有它，才会为此建立一定的法律关系。不能满足人们社会生活需要的物，在法律上没有意义。

（3）物能够为人力所实际控制或支配。民事法律关系是民事主体基于一定目的而建立的社会关系，如取得某项财产或转让某项财产，因此，只有能为人所控制或支配的物，人们才能按其意思通过建立一定的民事法律关系来对其进行处分，才能以物为客体建立各种权利、义务关系。

（二）物的分类

1. 动产与不动产

根据物能否移动或移动是否会损害其价值，物可分为动产与不动产。

动产，是指能够移动并且移动后不会改变其用途或降低其价值的物。不动产，是指不能移动或移动后会损害其效用或降低其价值的物。不动产主要包括土地、附着于土地的建筑物及其他定着物。不动产之外的其他物为动产。另外，在法律上各种可以支配的自然力，也属于动产。

区分的意义在于：①法律调整的原则不同。动产的交易，其权利变动一般以交付为要件；不动产交易，其权利变动则以登记为要件。②诉讼管辖不同。按《民事诉讼法》的规定，因不动产提起的诉讼，一般由不动产所在地法院专属管辖；而动产涉及的诉讼，则按普通管辖规则确定。③涉外继承的法律适用不同。动产一般适用被继承人住所地法律，不动产则适用不动产所在地法律。

2. 流通物与限制流通物

根据物在流通中是否受限制及受限制的程度，物可分为流通物与限制流通物。

流通物，是指法律允许在民事主体之间自由流转的物。限制流通物，是指法律对其流转给予一定程度的限制或者禁止私相转让的物。我国法律根据物的属性以及它对生产、生活的影响程度，规定下列物分别为禁止流通物和限制流通物，其中，专属于国家的财产（如矿藏、水流、海域）、假币、淫秽物品、毒品等为禁止流通物；金、银、文物、麻醉品等为限制流通物，其他法律未作限制流通或禁止流通规定的，则为流通物。

区分的意义在于：正确确定法律关系的主体及客体的合法性。流通物由于可以自由流通，所以民事主体可按其意思依法进行交易；而限制流通物由于只能在特定的范围内流转，所以只有具有一定主体资格的民事主体才能进行交易，否则无效；禁止流通物则不能作为交易的标的物。

3. 特定物与种类物

依据物是否具有单独特征或是否被权利人指定而特定化，物可分为特定物与种类物。

特定物，是指具有单独特征或被权利人指定而特定化，不能由其他物代替的物。包括在一定条件下独一无二的物以及从一类物中因民事主体的行为而特定化的物。种类物，是指具有共同特征，可以用度量衡加以确定的物。特定物与种类物的区分

不是绝对的，种类物经过主体一定的行为，也可以转化为特定物。

区分的意义在于：①标的物意外灭失的法律后果不同。标的物为特定物，如在交付前灭失，债权人不得要求债务人实际履行，而只能要求赔偿损失；如标的物为种类物，出现交付前灭失的情形，债权人仍可以要求债务人继续履行或要求赔偿损失。②不同法律关系对标的物的要求不同，有些法律关系的标的物只能是特定物，如租赁合同、借用合同；有些法律关系的标的物既可以是特定物也可以是种类物，如买卖合同、赠与合同。

4. 可分物与不可分物

依据物能否分割及分割是否会损害其效用，物可分为可分物与不可分物。可分物，是指能分割并且分割后不会损害其效用的物，如货币。不可分物，是指不能分割或分割将会损害其效用的物，如一台电视机。

区分的意义在于：正确确定分割共有财产的方式。当共有财产为可分物时，则可以采用实物分割的方法进行分割；当共有财产为不可分物时，则只能采用变价分割或作价补偿的方法进行分割。

5. 主物与从物

依据物在共同使用时的地位不同，物可分为主物与从物。主物与从物本身都是独立的物，只有在合并使用的情况下，才会有主物与从物之分。

主物，是指在必须结合使用才能发挥效用的两个独立物中起主要作用的物。从物，是指两个独立物结合使用时处于附属地位，起辅助作用的物。由于从物本身也是独立物，只有在依附于主物使用时才具有从物的属性，因此，在判断某物是否为从物时，应考虑以下因素：①从物须有独立性，不是主物的组成部分，如汽车与其轮胎就不构成主物与从物的关系；②从物与主物应同属于一个主体，如分别属于不同的主体，则不构成主物与从物的关系，如甲的汽车和乙的拖斗就不构成主物与从物的关系；③从物的效用必须是辅助性的，且具有一定的稳定性，否则也不构成主物与从物的关系。

区分的意义在于：正确确定主物转让时从物的归属。一般情况下，主物所有人处分主物时，效力及于从物，即主物所有权转移，则从物的所有权也随之转移。在当事人没有特别约定的情况下，因主物不符合要求而解除合同的，其效力及于从物，但反之不适用。

6. 原物与孳息

依据物相互之间是否有产出关系，物可分为原物和孳息。

原物，是指依照法律规定或依物的自然属性能够产生收益的物。孳息，是指因物或权益而产生的收益。孳息分为天然孳息和法定孳息，天然孳息是指依照物的自然性质而产生的收益，如果树结的果实。法定孳息是指依照法律规定而产生的收益，如租金、利息、股息。

区分的意义在于：正确确定孳息的归属。《民法典》第 321 条规定："天然孳息，由所有权人取得；既有所有权人又有用益物权人的，由用益物权人取得。当事人另有约定的，按照约定。法定孳息，当事人有约定的，按照约定取得；没有约定或者约定不明确的，按照交易习惯取得。"同时，《民法典》第 630 条规定："标的物在交付之前产生的孳息，归出卖人所有；交付之后产生的孳息，归买受人所有。但是，当事人另有约定的除外。"实践中，如果行为人非法占有他人财产，返还时应将原物和原物所生孳息一并返还，而不能留置孳息。

7. 单一物、合成物与集合物

依据物的构成状况不同，物可分为单一物、合成物与集合物。

单一物，是指独立成一体的物，如一枚金戒指。合成物，是指由数个单一物构成的物，其构成部分虽能识别，但在观念上将其视为一物，如嵌有钻石的戒指。集合物，是指由多个单一物或合成物聚合而成的物的总体，如一个企业的所有财产。

区分的意义在于：正确确定权利客体的范围。一般情况下，单一物、合成物的权利应存在于物的全部，物的部分不能成为权利客体；而集合物，既可以在其整体之上设定权利，如对企业法人实施整体拍卖，也可以在其中的部分物上设定权利，如单独转让企业法人的设备或单独转让某间厂房、店面等。

第二节 民事法律关系的认定

一、民事权利和民事义务

（一）民事权利

1. 民事权利的含义

权利一词，是外国法律名词的意译，在英语、德语、拉丁语中都含有正义、直道的意思。人与人共处，各有主张，涉及不同的利益，难免发生冲突。要维护社会生活的正常秩序，就必须对所涉主体的不同利益加以界定，这一界定需要借助法律来完成。这样，法律就在一定的要件之下，就其认为合理正当者，赋予个人某种力量，以享受

其利益。因此，所谓权利，就是指经由法律确认的、得以享受特定利益的可能性。

民事权利，是指由国家强制力予以保障的民事主体为实现特定利益为或不为一定行为的自由。其内涵具体包括：①权利人能依法直接享有某种利益或自己实施一定行为而获得利益；②权利人能够请求他人为或不为一定行为以实现自己的利益；③权利人在其利益受到侵害时，能够请求有关国家机关予以保护，获得法律救济。

民事主体能够享有何种民事权利，由法律规定，但具体是否享有某一项权利，则取决于其是否参与民事法律关系，因为民事主体享有的具体民事权利是民事法律关系内容的组成部分。

2. 民事权利的分类

民法上一般把民事权利分为五类：人身权、物权、债权、知识产权、继承权。人身权，指民事主体依法享有的与其人身不可分离而且没有直接财产内容的民事权利，如生命健康权、姓名权、肖像权、名誉权、隐私权、荣誉权等。物权，指民事主体依法直接支配特定的物并排除他人干涉的民事权利，如所有权、国有土地使用权、宅基地使用权等。债权，指债权人享有的请求债务人为特定行为的民事权利，如合同债权、不当得利债权、无因管理债权、侵权行为债权等。知识产权，指民事主体对智力创造成果和工商业标记依法

享有的民事权利，如著作权、专利权、商标权等。继承权，指继承人依照法律的规定或者被继承人所立的合法有效的遗嘱取得被继承人遗产的权利。

民事权利从不同的标准来划分，可以分为不同的类别。

（1）根据民事权利内容的性质，民事权利可分为财产权和人身权。

财产权，指以财产权益为内容直接体现财产利益的权利。财产权主要包括物权、债权、继承权。

人身权，指与权利主体的人身不可分离而无直接财产内容的权利。人身权分为人格权和身份权。

财产权可以用金钱计价，不具有人身依附性，可以在权利主体之间自由转让，可以继承，财产权受侵害后一般以财产责任的方式予以救济。而人身权不能用金钱来衡量其价值，具有人身依附性，一般不能转让、继承，受到侵害后主要以非财产的责任方式予以救济。

（2）根据民事权利的作用不同，民事权利可分为支配权、请求权、抗辩权、形成权。

支配权指对标的物直接支配，并排除他人干涉的权利。物权是典型的支配权。支配权的特点是：权利人可以自己直接支配权利客体，不需要他人的协助；权利人有权禁止他人妨碍其对权利客体的支配。如物权中的所有权，一方面，所有人有权对自己的物进行直接支配（包括占有、使用、收益和处分），不需要义务主体的积极配合就能实现自己的权利；另一方面，所有人可禁止他人妨碍其支配自己的物，具有排他性。

请求权指请求他人为一定行为或不为一定行为的权利。债权是典型的请求权。请求权的特点是：权利人权利的实现必须依赖特定的义务人的行为，即通过义务人为一定行为或不为一定行为，权利人的权利才能实现。如买卖合同中，买方享有请求卖方交付标的物的权利，如果卖方不履行交付标的物的义务，买方的权利无法实现；卖方享有请求买方支付价款的权利，如果买方不履行支付价款的义务，则卖方的权利也无从实现。

抗辩权指对抗请求权的权利。抗辩权的作用在于阻止对方请求权的效力，或否认对方权利的存在从而使抗辩权人能够在一定条件下拒绝向其债权人履行义务，但债权人的权利并不因此而消灭。抗辩权分为永久性抗辩权和延期抗辩权，前者如诉讼时效期间届满的抗辩权，后者如双务合同履行中的同时履行抗辩权、先履行抗辩权、不安抗辩权。

形成权指依照权利人的单方意思表示就能使权利发生、变更或消灭的权利。无权代理中本人所享有的追认权、合同保全中债权人所享有的撤销权都属于形成权。形成权的特点是：权利主体作出单方的意思表示就产生相应的法律效果，不需要对方相应的行为或意思表示。如无权代理中，本人对无权代理行为作出追认的意思表示就可使无权代理转化为有效代理，行为效果由本人承受，而不需要行为相对人的意思表示。

（3）根据民事权利的效力范围不同，民事权利可分为绝对权与相对权。

绝对权，又称对世权，是指效力及于一切人的权利。绝对权的特点是：权利人可向任何人主张权利，与权利人相对应的义务主体是不特定的任何人，其承担的是消极的不作为的义务。如物权、知识产权均属于绝对权。

相对权，又称对人权，是指效力仅及于特定人的权利。相对权的特点是：与权利主体相对应的义务主体是特定的，权利人只能向特定的义务人主张权利，权利主体的权利必须依赖义务主体积极履行义务的行为才能实现。如，债权就是典型的相对权。

（4）根据民事权利的相互关联、相互依存的程度，民事权利可分为主权利与从权利。

主权利指在两个相互关联的民事权利中，可以独立存在的权利。

从权利指在两个以上的民事权利中以其他权利的存在为前提的权利。

从权利处于从属的地位，它随主权利的存在而存在，随主权利的消灭而消灭。如债权与担保债权实现的抵押权之间相互关联，这两种权利中，能独立存在的是债权，其为主权利，抵押权依赖于债权而存在，债权消灭抵押权也随之而消灭，抵押权则为从权利。

（5）根据民事权利有无转移性，民事权利可分为专属权与非专属权。

专属权指专属于权利人自身享有，不得转让和继承的权利。如，人身权就是典型的专属权利。

非专属权指非专属于权利人自身享有，可以转让和继承的权利。如，财产权原则上都是非专属权。

（6）根据权利相互之间是否具有派生关系，民事权利可分为原权利与救济权。

原权利是基础性权利，是权利性民事法律关系中的权利。

救济权是由原权利派生的，是在原权利受到侵害或有受侵害之虞时产生的权利，是保护性民事法律关系中的权利。

如甲的汽车被乙损坏，甲要求乙赔偿损失的权利就属于救济权，甲对其汽车所享有的所有权属于原权利。

（7）根据权利的实现要件是否完全具备，民事权利可分为既得权与期待权。

既得权指权利的实现要件完全具备，权利人实际享有的权利。一般的民事权利都是既得权。

期待权指实现要件尚未全部具备，须待其余要件发生后才能实际享有的权利。

如附延缓条件和附始期的民事法律行为中所设定的民事权利就是期待权，权利主体要实际享有该权利，必须等到民事法律行为中所附的延缓条件成就或所附的始期届至。

3. 民事权利的行使

民事权利不会自动实现，必须通过权利主体的一定行为实现。民事权利的行使是指权利人为实现自己的权利而实施的一定行为。权利的行使是权利人实现其权利的过程，其结果是权利实现，从而满足了权利人自身的需要。

（1）民事权利行使的方式。权利主体行使权利的方式有事实方式和法律方式。事实方式是指权利主体通过一定的事实行为行使权利，如房屋所有人对自己的房屋进行占有、使用等。法律方式是指权利主体通过民事法律行为的方式行使权利，如房屋所有人对自己的房屋进行出租而获取租金，进行出卖而获取价金。

一般情况下，民事权利由权利主体自己行使，但多数民事权利并不要求权利人自己行使权利，即法律允许权利主体通过代理人来行使其权利。同时，法律也规定某些民事权利只能由权利主体自己行使，如立遗嘱等与人身相关的权利。

（2）民事权利行使的限制。民事权利是私权利，因此，民事权利的行使一般由权利主体按自己的意志决定。但任何权利的行使都不是毫无限制的，民事主体行使民事权利也会受到相应的限制。

我国《宪法》第51条规定："中华人民共和国公民在行使自由和权利的时候，不得损害国家的、社会的、集体的利益和其他公民的合法的自由和权利。"《民法典》第7条规定："民事主体从事民事活动，应当遵循诚信原则，秉持诚实，恪守承诺。"第8条规定："民事主体从事民事活动，不得违反法律，不得违背公序良俗。"这些规定，一方面鼓励民事主体正当行使权利；另一方面为民事主体行使权利划定了明确的界限，禁止权利人超出这些界限滥用权利而侵犯他人和社会的利益。《民法典》第132条更是明确规定："民事主体不得滥用民事权利损害国家利益、社会公共利益或者他人合法权益。"因此，民事主体在行使自己的民事权利时，应在法律规定的范围内正当行使，讲诚实，守信用，禁止滥用权利。

民事主体行使权利时滥用权利，将承担不利的后果。实践中确定民事主体是否滥用权利，应坚持主客观条件同时具备的原则。客观上看，条件有二：首先，民事主体必须享有某种民事权利，这是滥用权利行为产生的前提，没有权利的存在，不可能构成滥用权利；其次，行为人行使权利须造成了对他人或社会的损害，即必须有客观结果。主观上看，民事主体的行为要构成滥用权利，其主观必须有过错，该过错多数情况下表现为故意，有时也表现为过失。由于滥用权利的行为超越了法律所规定的界限，因此该行为不受法律保护，滥用权利行为人应承担相应的法律责任。如租赁合同中，承租人享有对租赁物的使用权，但承租人在行使该使用权时应当按照约定的方法或租赁物的性质使用，这一限定就是承租人使用权的范围。超越了这个范围，即未按约定的方法或租赁物的性质使用，就构成了对租赁权的滥用，这会损害出租人的权利，因此而致使租赁物受到损失的，出租人可以解除合同并要求赔偿损失。

4. 民事权利的保护

民事权利的保护是指民事权利受到侵害时，用民事保护方法，防止或减少权利所受到的侵害或使受到的侵害得到恢复。

民法不仅规定和确认了民事主体所能享有的各种民事权利，同时也规定了民事主体违反民事义务、侵害民事权利时所应承担的民事责任以及必要的制裁方式。民事主体在其民事权利受到侵害时，可以采取民法规定的各种方法和措施对自己的权利进行保护。

民法在赋予权利人享有的民事权利内容中，给予权利人保护其权利不受侵犯的权能。这种权能表现为权利人在其合法权益受到他人妨碍或侵害时，有权运用法律提供的手段进行自我保护，或者请求有关国家机关对违法者适用法律的强制性措施予以制裁。因此，民事权利的保护方法可分为自我保护和国家保护两种。

（1）自我保护。自我保护也称私力救济，是指民事权利受到侵害时，民事主体自己采取法律所许可的必要措施保护其权利。

某些情况下，民事主体的权利受到侵害，来不及请求国家机关予以保护，如不及时制止或躲避侵害，不仅会使权利遭受损害，而且会造成社会危害。因此，各国民法均规定，民事主体可在一定程度上进行私力救济。私力救济包括正当防卫、紧急避险和自助行为。

正当防卫，是指权利人为了保护本人或者他人的人身或财产权益免受不法侵害，可以对正在进行不法侵害的违法行为人予以适度的还击，以制止正在进行的违法行为或减轻违法行为可能造成的损害。《民法典》第181条规定："因正当防卫造成损害的，不承担民事责任。正当防卫超过必要的限度，造成不应有的损害的，正当防卫人应当承担适当的民事责任。"

认定正当防卫行为应注意四个关键要件：①正当防卫行为所针对的行为只能是不法行为，对合法行为的防卫应承担民事责任。②该不法行为是正在进行的。如果不法行为尚未发生而予以防卫，则构成假想防卫；如不法行为已经结束仍予以防卫，则构成事后防卫，在这两种情况下，行为人均应承担民事责任。③防卫反击的对象只能是不法行为人本人，对其他人的"防卫"行为会构成侵权，应承担民事责任。④防卫反击的限度为必要，所谓"必要"，指的就是防卫行为只要能制止到不法行为无法继续进行即可，超过该必要限度，则构成防卫过当，防卫人应承担适当的民事责任。

紧急避险，是指为了使公共利益、自身或他人的合法权益免受正在发生的紧急危险将造成的更大损害，在别无选择的情况下，采取的造成他人较少损害的紧急措施。《民法典》第 182 条规定："因紧急避险造成损害的，由引起险情发生的人承担民事责任。危险由自然原因引起的，紧急避险人不承担民事责任，可以给予适当补偿。紧急避险采取措施不当或者超过必要的限度，造成不应有的损害的，紧急避险人应当承担适当的民事责任。"

认定紧急避险应注意两个最关键的要件：①迫不得已，该措施是在别无选择的情况下采取的；②丢小保大，损失了较小利益，保存了较大利益。一般而言，当人身利益与财产利益并存时，人身利益大于财产利益；财产利益并存时，则以财产利益的价值进行判断。在紧急避险中，较小利益损失者的损失由引起险情发生的人承担；如险情因自然原因而引起，紧急避险人采取措施无不当的，可以由紧急避险人给予适当补偿；紧急避险人采取紧急避险措施不当或者超过必要的限度造成不应有的损害的，紧急避险人应当承担适当的民事责任。

自助行为，是指民事主体为保护自己的合法权益而自行采取的保全措施《民法典》第 1177 条规定："合法权益受到侵害，情况紧迫且不能及时获得国家机关保护，不立即采取措施将使其合法权益受到难以弥补的损害的，受害人可以在保护自己合法权益的必要范围内采取扣留侵权人的财物等合理措施；但是，应当立即请求有关国家机关处理。受害人采取的措施不当造成他人损害的，应当承担侵权责任。"

自助行为的采取应符合四个条件：①自助行为保护的对象必须是自主行为人自己的合法民事权益；②采取自助行为的时间要素，必须是在合法权益受到侵害、情况紧迫不能及时获得国家机关保护，如果不立即采取措施会使其合法权益遭受难以弥补的损害的情况下；③自助行为的具体措施必须采取法律所许可的方式，通常是针对侵权人的财物采取暂时的扣留措施，或者实施其他不违反法律禁止性规定的行为；④自助行为人应在采取措施后当即请求国家机关处理。

（2）国家保护。国家保护又称公力救济，指当民事权利受到侵害时，权利主体请求国家机关通过法定程序予以保护。

公力救济是保护民事权利最主要的方法，其最常见的方式就是通过诉讼来保护民事权利。民事权利受侵害时，原来正常的民事权利义务关系的实现受到阻碍和干扰，从而产生一个保护性法律关系，权利人向人民法院提起民事诉讼，人民法院行使公权力强制不法行为人承担民事责任，以对正常的权利性民事法律关系加以补救。

（二）民事义务

1. 民事义务的含义

民事义务，是指义务主体为满足权利主体的利益需要在限定范围内为或不为一定行为的法律负担。其具体含义表现在：

第一，民事义务具有利他性。义务主体必须依据法律规定或合同约定，为一定行为或不为一定行为，以满足权利人的利益。

第二，民事义务具有限定性。义务人只承担权利限定范围内的义务，即只承担法律规定或合同约定范围内的义务。

第三，民事义务具有约束性。义务主体必须履行自己所承担的义务，否则将依法承担民事责任。

2. 民事义务的分类

民事义务从不同的标准分类，就有不同的类别。主要有以下几种。

（1）根据民事义务的发生原因不同，可将其分为法定义务和约定义务。

法定义务，是指直接根据法律规定而产生的义务。如，物权关系、人身权关系中不特定的义务主体所承担的消极不作为义务即属于法定义务。

约定义务，是指由当事人自行协商而确定的义务。如，合同关系中债务人所承担的合同义务即为约定义务。

（2）根据民事义务履行的方式不同，可将其分为积极义务和消极义务。

积极义务又称作为义务，是指义务人必须做出积极行为的义务。如，买卖合同关系中，买方支付价款、卖方交付标的物的义务都属于积极义务。

消极义务，是指义务人不作为的义务。如，所有权关系中，义务人所承担的不得妨碍所有人行使所有权的义务。

（3）根据民事义务对义务主体的依附性，可将其分为专属义务和非专属义务。

专属义务，是指义务人必须亲自履行而不得由他人代为履行的义务。如，加工承揽合同中，加工人所承担的加工完成定作物的义务。非专属义务，是指义务人不必亲自履行而可以由他人代为履行的义务。如，买卖合同中买方支付价款和卖方交付标的物的义务都属于非专属义务。

3. 民事义务和民事权利的关系

民事权利和民事义务共同构成民事法律关系的内容，两者相互联系、相互制约、相互适应、同时并存，形成对立统一的关系。

一方面，民事权利和民事义务互相依存，当事人一方享有民事权利，另一方必然负有相应的民事义务，反之亦然，有民事义务必有民事权利。民事权利靠民事义务辅佐达成，民事义务的履行就是民事权利的实现，一方当事人不履行民事义务，另一方当事人的民事权利就无从实现。

另一方面，民事权利与民事义务又相互对立，民事权利是为满足权利人自己利益需要，具有利己性，而民事义务是为满足他人即权利人的利益需要，具有利他性；民事权利是一种"可为"，而民事义务是一种"必为"，民事权利体现了当事人的自由，民事义务则体现了对当事人的约束。

即使是权利人在行使民事权利时，也可能有某种民事义务的负担《民法典》第131条规定："民事主体行使权利时，应当履行法律规定的和当事人约定的义务。"此时，权利人同时也是义务人，既可以行使相应权利，也应当履行相应义务。

二、民事责任

（一）民事责任的概念和特征

民事责任属于法律责任的一种，是指民事主体因违反民事义务依法应承担的民事法律后果。它是一种由民法规范规定的，对民事违法行为人所采取的以恢复被损害的权利为目的，并与一定的民事制裁措施相联系的国家强制形式。民事责任与其他法律责任相比，有以下特征。

1. 民事责任以民事主体违反民事义务侵害他人的合法民事权益为前提

《民法典》第176条规定："民事主体依照法律规定或者按照当事人约定，履行民事义务，承担民事责任。"这一规定说明，发生民事责任，要以存在法律规定或当事人约定的民事义务为前提。但这并不等于说凡负有义务就必然产生民事责任，只有当事人负有义务并且没有履行义务，从而使他人的合法民事权益受到侵害的，才会产生民事责任。没有义务便不会产生民事责任，同时虽有义务，但义务人履行了义务，也不会发生民事责任。

2. 民事责任以恢复被侵害的权利为目的，具有补偿性

民事责任的主要功能就是通过强制义务人履行义务，使权利主体被损害的权利得到恢复，使受害人得到相应的补偿。因此，民事责任实际上就是一方当事人对另一方当事人的损失进行补偿的责任，一般不具有惩罚性。

3. 民事责任可以由当事人在法律允许的范围内协商

民法是私法，贯彻平等、自愿原则。因此，民事责任是否需要追究取决于民事权利主体的意思，法院一般不主动追究行为人的民事责任。同时，在民事责任的具体承担方式上，也给予当事人协商的自由和空间，如《民法典》第585条第1款规定："当事人可以约定一方违约时应当根据违约情况向对方支付一定数额的违约金，也可以约定因违约产生的损失赔偿额的计算方法。"另外，当事人还可以约定免责条件。当然，当事人上述协商的内容，不得超出法律允许的范围。

4. 民事责任主要是一种财产责任

民事责任以财产责任为主，这是由民法的任务和调整对象决定的，民法以平等主体间的财产关系和人身关系为其调整对象。因此，在民事主体的财产权受到侵害时，被侵权人所受的财产损失当然应以财产责任的方式来弥补，即便民事主体的人身权受到侵害，当今各国也普遍承认精神损害物质赔偿的方式。可见，民事责任是一种以财产责任为主，以非财产责任为辅的责任体系。

（二）民事责任的分类

民事责任根据不同的标准，有以下几种分类。

1. 合同责任与非合同责任

根据民事责任的产生原因不同，可将其分为合同责任与非合同责任。合同责任，是指因违反合同当事人约定的义务或违反合同法规定的义务而产生的责任；非合同责任，是指非因合同关系所产生的民事责任，即合同责任之外的违反其他法定义务的民事责任，如侵权民事责任等。

2. 财产责任与非财产责任

根据民事责任的内容是否为财产给付，可将其分为财产责任和非财产责任。财产责任是指直接以一定财产的给付为内容的民事责任，如赔偿损失、支付违约金等；非财产责任是指不以财产给付为内容的民事责任，如赔礼道歉、消除影响、恢复名誉等。一般来说，财产损害产生财产责任，人身损害则主要产生非财产责任，但在一定条件下，侵害人身权也可以产生财产责任。

3. 单方责任与双方责任

根据责任是否由双方过错引起，民事责任可分为单方责任和双方责任。单方责任又称单方过错责任，是指基于一方的过错原因而发生应当由一方当事人承担的责任。在单方责任中，承担责任一方可以是一人，也可以是多人，所以单方责任不同于单独责任，后者是一人责任；双方责任，又称混合责任，是指当事人双方对损害后果均有过错，各自依其过错程度承担民事责任。双方责任通常为过错责任，因此责任的大小往往依据过错的程度来进行分配。如《民法典》第1173条规定："被侵权人对同一损害的发生或者扩大有过错的，可以减轻侵权人的责任。"

4. 按份责任、连带责任与补充责任

当责任人为二人以上时，根据责任人之间的关系不同，可分为按份责任、连带责任和补充责任。按份责任，是指在责任人为多人的情况下，各责任人按照一定的份额各自分别向债权人承担民事责任，各责任人之间无连带关系。即某一责任人承担了自己的份额后，其他人是否承担了各自的责任，与其无关。实践中，凡法律没有直接规定或者当事人没有明确约定责任种类的情况下，都适用按份责任。连带责任，是指责任人为多人时，每个人都负有清偿全部债务的责任，各责任人相互之间有连带关系。在连带责任中，每个责任人都负有对外不分份额、不分先后次序地根据权利人的请求，承担全部或部分义务的责任。当然，承担了超过自己应当承担份额的责任人有权向其他责任人行使追偿权。连带责任的承担，必须有法律的明确规定或当事人事先作出的约定为前提。补充责任，是指在应当承担赔偿责任的责任人自己的财产不足以给付时，由与其有关的人依法对不足部分予以补充的责任。《民法典》第1188条第2款规定："有财产的无民事行为能力人、限制民事行为能力人造成他人损害的，从本人财产中支付赔偿费用；不足部分，由监护人赔偿。"

5. 有限责任与无限责任

根据责任人承担责任的财产范围不同，民事责任可分为有限责任和无限责任。有限责任，是指责任人仅以其一定限额的财产承担责任。如，法人的出资人仅以其出资为限对法人债务承担责任。无限责任，是指责任人要以其全部财产来承担的责任。如合伙企业的普通合伙人应以其个人或家庭的全部财产来清偿合伙债务。民事责任以无限责任为原则，以有限责任为例外，有限责任适用于法律有特别规定的场合。

三、民事法律事实

作为民事主体之间的一种社会关系，民事法律关系均有一个发生、变更、终止的过程，这种变动的过程必然是由一定的原因引发的，这个原因就是民事法律事实。

（一）民事法律事实的含义及特征

民事法律事实，是指民事法律规范规定的能够引起民事法律关系产生、变更和消灭的客观现象。民事法律规范本身并不能在民事主体之间引起民事权利义务关系，只是赋予民事主体享有民事权利、承担民事义务的可能性，只有在客观上出现了一定的事实条件，民事主体之间才能实际形成相应的权利义务关系，才能引发民事法律关系产生、变更或消灭。例如，法律规定父母有抚养未成年子女的权利和义务，只有在孩子出生这一事实出现后，才在父母和未成年子女之间产生亲子关系，父母才实际取得法律所规定的亲权，并实际承担抚养的义务。由此可见，民事法律关系是民事法律规范的规定和实际发生的民事法律事实共同作用的结果。

1. 民事法律事实具有客观性

民事法律事实是一种客观现象，是存在于人的主观意识之外并且可以为人所认识的客观存在。有的法律事实完全与人的意志无关，有的法律事实与人的意志相关，但具有表露于外的形式从而使他人知晓，纯属个人内心意思，没有外在表现形式的不是民事法律事实。

2. 民事法律事实是合乎民事法律规范的客观现象

并非所有客观现象都是民事法律事实，只有符合民事法律规定的客观现象，才能引起民事法律关系的产生、变更和消灭。例如，刮风、下雨这样的自然现象一般不会引起民事法律关系的变动，但如果是台风、洪水等自然灾害，依照法律的规定构成不可抗力的，则属于民事法律事实，可以成为当事人不履行相应民事义务的免责事由，从而引起相关民事法律关系的变更甚至消灭。

3. 民事法律事实引起的法律效果取决于法律的规定

民事法律事实能否引起一定的法律效果、引起何种特定的法律效果，均由法律予以规定。民事主体不能自行决定民事法律事实引起的法律效果，即使某些民事法律事实的出现与民事主体的意志有关，其引起的法律效果也是由法律事先规定的。

（二）民事法律事实的基本类型

民事法律事实多种多样，根据其是否与民事主体的意志有关，可以分为事件和行为两种基本类型。

1. 事件

事件，是指与民事主体的意志无关的、能够引起民事法律效果的客观现象。与民事主体的意志无关，指的是该现象本身不直接包含民事法律关系主体的意志，并非指该现象的发生或者出现与人的意志毫无关系。

事件包括自然事件、社会事件和状态。

（1）自然事件是指某种偶发的、不能归因于人的客观现象。常见的自然事件有：①人的出生、自然死亡，它能引起民事主体资格的产生或消灭、继承法律关系的产生等；②自然灾害，如地震、洪水、台风、瘟疫等，它能够引起合同关系的变更、解除，或者导致保险合同所附条件成就，引起保险金的赔付，或者免除侵权行为人的民事责任等。

（2）社会事件包括战争、动乱或者事故，以及人为原因导致的死亡、人的失踪等。虽然是由人的行为引起的事件，作为事件的原因与人的行为有关，但事件本身与民事法律关系主体的意志无关。例如，因发生交通事故导致道路拥堵，网约车乘客与司机协商后下车改乘地铁，乘客与司机之间的运输合同关系消灭，引发该民事法律关系消灭的原因与双方当事人的意志无关，事件本身不含有乘客与司机的意志属性。再如，某人在车祸中丧生，引起婚姻法律关系的终止，意外死亡这一事实与死者及其配偶的意志完全没有关系。

（3）状态是指某种客观现象的持续，如时间的经过，一定时间的经过可以依法导致一定的法律效果的发生。例如，正常人年满18周岁就具有完全民事行为能力，可以独立地进行民事活动；再如，根据时效制度的规定，时效期间届满，可以使权利人取得一定的权利或者使其权利归于消灭。

2. 行为

行为是指与民事主体的意志有关的、能够引起一定民事法律效果的客观现象。

作为民事法律事实的行为，根据不同的标准，可分为以下内容。

（1）合法行为和违法行为。合法行为是指符合法律规定或者为国家法律认可的行为，合法行为的实施产生有利于行为人的民事法律效果。凡是违反法律规定、侵害他人合法权益的行为就是违法行为，违法行为人应当依法承担相应的民事责任，如损坏他人的物品、侵害他人物权的，依法应当承担赔偿责任；违反合同约定的，应当承担违约责任。

（2）自己的行为和他人的行为。自己的行为是指当事人自己实施的产生民事法律效果的行为，如订立合同，引起当事人之间合同法律关系的产生。他人的行为指非由当事人实施却在当事人之间发生民事法律效果的行为，例如，债务人的债权人行使代位权，可以导致债务人与次债务人之间的债权债务关系消灭。

（3）民事法律行为和事实行为。民事法律行为，是指民事主体通过意思表示设立、变更、终止民事法律关系的行为，包括有效的民事法律行为、无效的民事法律行为、可撤销的民事法律行为和效力待定的民事法律行为。事实行为，指民事主体实施的没有预期目的但能够依法直接产生一定民事法律效果的行为。事实行为人主观上并无设立、变更或终止某一民事法律关系的意识，但其行为符合法律规定的构成要件，从而引起相应的民事法律效果。例如，拾得遗失物、发现埋藏物、先占、无因管理、侵权行为等，都是事实行为。

（三）民事法律关系的事实构成

民事法律关系的事实构成，是指引起民事法律关系的产生、变更或消灭的两个以上的民事法律事实的总和。一般情况下，一个民事法律事实足以构成一个民事法律关系产生、变更或消灭的原因，但在某些情况下，一个民事法律关系的变动需要两个或两个以上的民事法律事实相互结合为依据。例如，遗嘱继承关系的发生，必须以被继承人立有合法有效的遗嘱、被继承人死亡和继承人在继承开始时未死亡以及继承人没有放弃继承权四个法律事实同时存在为前提。这样的民事法律关系，只有在事实构成具备的情况下，才能产生、变更或者消灭；仅有部分民事法律事实出现，则不会发生变动的结果。

第三节　民事法律关系与民法

一、民事法律关系与民法的一般关系

民法与民事法律关系，两者是调整与被调整的关系。民法以调整民事法律关系为使命，以民事法律关系为其唯一调整对象，因此，民法就是专门调整民事法律关系的基本实体法。民法是调整平等民事主体间财产关系和人身关系的法律规范的总称。

体系是由要素构成的，体系与要素的关系相当于整体与部分的关系，部分只有在整体中才有其意义，部分脱离整体就成了死的东西，失去了其本质、功能或属性，没有整体上的意义。系统论，是指任何事物都是由诸多部分作为其组成元素构成的完整体系。民法作为一个体系，整体上是由总则与分则构成的，而总则和分则又是由诸多要素构成的。民法的总则，主要是由民法宗旨、民法原则、民事主体和客体制度、民事权利制度、民事法律行为等构成的一个相对完整的体系。民法分则是由人格权制度、物权制度、合同制度、婚姻家庭制度、继承制度和侵权责任制度构成的一个完整体系。无论是总则，还是分则，都是对民事关系某一个方面的展开，或者是对民事法律关系之三要素的具体规制，或者是对引起民事关系产生的法律事实的规制，或者是对具体法律关系的主体、客体、内容、法律事实及其变更等方面的特殊之处的规制。

二、民事法律关系与民法

我国《民法典》总则中具体规定了民事主体制度、作为民事法律关系核心内容的民事权利制度、作为能够引起民事法律关系的最常见的法律事实的民事法律行为制度、保护民事权利的民事责任制度和时效制度等主要内容。第一，民事关系主体包括自然人、法人和其他非法人组织。《民法典》系统地规定了自然人的主体资格、监护、失踪与死亡宣告制度和"两户"制度，"法人"和"非法人组织"制度。第二，《民法典》专章规定了民事权利制度，列举式地确认了各种民事权利及相关法律事实。有民事权利，民事义务就会随之而生，于是《民法典》没有对民事义务进行单独规定，只是在后面的民事责任制度里对违反民事义务的各种民事责任进行了详尽的规定，这也变相地规定了民事义务。第三，《民法典》规定了民事法律行为制度。《民法典》总则第六章第七章分别规定了"民事法律行为"和"代理"制度。民事法律行为是引起民事法律关系产生、变更或终止的最常见的民事法律事实，于是《民法典》用专章对其进行了系统规定，主要规定了民事法律行为的一般构成要件、有效要件以及效力种类。代理制度只是民事法律行为的补充制度。第四，《民法典》总则第八至十章分别规定了"民事责任""诉讼时效"和"期间计算"制度。这三章是民事权利的保护制度，其最终目的是维护民事法律关系秩序。总之，《民法典》总则是对民事法律关系一般制度的抽象规制，而分则各编则规定了不同种类的民事法律关系制度。

三、民事法律关系与民法分则

（一）民事法律关系主体种类

《民法典》分则各编分别规定了各自民事关系的主体：物权关系主体、合同关系主体、人格权关系主体、婚姻家庭关系主体、继承关系主体、侵权责任关系主体。物权关系主体有所有权人、担保物权人和用益物权人。合同关系主体具有相对性，即债权人与债务人，或互为债权债务人，如买卖合同的出卖人与买受人就是互为债权债务人。合同关系主体一般都是双方，《民法典》唯一明文规定是三方当事人的典型合同是融资租赁合同，《民法典》第735条规定，"融资租赁合同是出租人根据承租人对出卖人、租赁物的选择，向出卖人购买租赁物，提供给承租人使用，承租人支付租金的合同"。融资租赁合同的主体分别是出卖人、出租人、承租人，而出租人同时又是买受人。人格权关系主体的特征是，其权利人是特定的，而义务主体是不特定的其他所有人。婚姻家庭关系主体具有身份性，如夫妻关系、监护关系的主体，而继承关系主体可能是基于法定身份，如法定继承，也可能是基于遗嘱，如遗嘱继承。侵权责任关系主体则具有更多的特殊性，侵权责任关系主体与合同关系主体不同，前者不受行为能力的约束，而后者要求具有法定的民事行为能力，无民事行为能力的人所订立的合同是无效的，而限制民事行为能力的人除纯粹获利的合同或与其民事行为能力相适应的合同之外，其他合同的订立则需要事先得到其法定代理人的同意或事后的追认才有效。侵权责任关系主体即使是无民事行为能力的人也能依法成为侵权责任主体，只不过其责任依法转移给了其法定监护人，当然，如果行为人有财产，应当先由其财产赔付，不足部分由其监护人承担，因而理论上把监护人责任称作替代责任或补充责任。也有相当一部分侵权责任关系的责任主体，并非对其行为负责，而是对其所饲养的动物或管理的物品造成他人损害的后果负责。还有的侵权责任关系的责任主体，依法并不是第一责任承担人，而只是承担补充责任，例如，《民法典》第1213条规定，机动车致人损害的，责任属于机动车一方的，先由强制保险人赔偿，不足部分由商业保险人赔偿，仍然不足或者没有投商业保险的，由侵权人赔偿。这在理论上称为责任转移，侵权人的民事责任依法转移给了第三方，这是侵权责任关系主体的一大特点。总之，每类或每个民事关系，都有其特定的民事关系主体制度。

（二）民事法律关系客体种类

民事法律关系客体，是指民事权利义务所指向的对象，包括物、行为、智力成果、权利等。《民法典》分则各编民事法律关系的客体，也是各不相同的。换言之，不同种类的民事法律关系需要有不同的客体。物权编分别规定了所有权法律关系、用益物权律系、担保物权律关系，这三种法律关系的客体分别为所有物、用益物和担保物。合同编中的有名合同体系，主要就是依据各种合同的客体的特殊性来建构的。合同编分别规定了财产类、完成工作成果类、完成行为类、提供服务类、知识产权类等有名合同关系，这些合同关系的客体分别是财产、成果、行为、服务、知识产权等。人格编所调整的民事法律关系是人格权关系，各种人格利益是人格权关系的客体。婚姻家庭编所调整的是因婚姻家庭而产生的民事关系，即婚姻家庭关系，而身份利益是婚姻家庭关系的客体。继承编调整的民事法律关系是继承关系，而继承关系的客体是财产，是被继承人生前所留下的个人合法财产。侵权编所调整的民事法律关系是侵权责任关系，而给付行为是侵权责任关系的客体，给付就是债务人向债权人承担民事责任的履行行为，如损害赔偿、赔礼道歉、返还占有等给付行为。

（三）民事法律关系内容种类

民事法律关系的内容是民事权利和民事义务，享有与实现权利，需要依赖义务的履行。民事权利一旦确定，民事义务也就相应地确定了，或者说有何种民事权利就必然有相应的民事义务来满足它。民事法律关系的核心内容，有的偏重于民事权利，如物权关系、人格权关系，《民法典》第二编的标题直接规定为"物权"，以下三个分编"所有权""用益物权""担保物权"，也都是以民事权利而非民事义务为标题；有的民事法律关系的核心内容偏重于义务与责任，如合同关系偏重于合同义务的履行，而侵权责任关系的重心在于责任的承担而非权利的享有。依据民事权利的产生的不同，民事权利可以分为原权和救济权，《民法典》分则中的物权、人格权等属于原权，而侵权责任请求权属于救济权。如果按照传统民事权利分类，民事权利分为人身权和财产权，那么《民法典》分则的人格权编、婚姻家庭编等属于人身权范畴，人格权分为人的姓名权、肖像权、名誉权、身体健康权、生命权、隐私权等，身份权分为监护权、抚养权、赡养权、继承权、夫妻互助请求权等；分则中的物权编、合同编等则属于财产权范畴；而继承权编则属于基于身份权的财产权范畴。

综上所述，民事法律关系是指由民法调整的、在平等主体之间由于特定的法律事实而产生的民事权利义务关系。其三要素包括主体、客体与内容，民事法律关系主要由特定的法律事实引起。第一，《民法典》总则把民事法律关系规定为其调整对象；总则系统规定了法律关系的主体制度，规定了主体资格，自然人、法人和其他组织的权利能力与行为能力；总则还规定了民事法律关系的权利制度和行为制度等。第二，《民法典》分则分别规定人格权、物权、债权等制度，这些属于抽象民事法律关系的类别化。民法制度体系，就是依据民事法律的三要素及其具体制度来建构的，其目的是全面调整和保护民事法律关系，维护以民事法律关系为主体的社会经济秩序。总之，民法就是调整民事法律关系的专门法，通过调整民事法律关系来实现民法的各项基本任务。

第四章
民法系统论解构

第一节　民法的价值与属性

一、相关理论阐释

从根本上讲，法是统治阶级意志的体现，这是因为法是人类历史上阶级出现的必然产物。关键的问题是，谁是统治者，谁是被统治者。法律如果是一个人的意志体现，这就是君主专制的法治；法律如果是少数人意志的体现，这就是贵族式专制的法治；法律如果是多数人意志的体现，这就是民主式的法治；法律如果是所有人意志的体现，那么就是一种超级民主的法治。这在亚里士多德《政治学》里有专门系统的论述，他把经典的政体分为三种，并且认为不论何种政体只要符合某个民族发展程度的要求就是良好的政体。他同时认为三种政体都有其各自的缺陷，因而提出了一种共和政体的理想模式。并且认为只有这样的政体才能够使每个阶层的自由民都能够参与到国家治理之中，只有这样的法律才能体现所有公民的意志与权利，国家才能长期稳定发展。

其实，不同种类的法律实际上正是人类法的历史流变轨迹之写照，这个轨迹就是人类从专制到民主的法律类型转换。针对人类需要何种法律的问题，各种经典法哲学理论流派从不同的视角给法的价值本位进行了理论上的定位，都有其片面性，也都有其独到的思想成就。它们为我们研究民法精神与体系，提供了多重思维的视野。

古罗马经典作家的法律思想是西方法律思想的源头活水，他们所贡献的经典理论成果至今仍然不过时，是我们需要反复研究并吸取思想营养的宝库。柏拉图、亚里士多德和西塞罗都认为人只有在法律之下才是理性存在者，如果离开了法律的约束，那么就会沦为比任何野蛮动物更为凶残的动物。柏拉图认为，法是使人与人成为朋友而非敌人的法则，正义不仅是个人还是国家应该具有的基本德性和最高法则。亚里士多德认为，法律是正义的体现，人只有在法律的统治下才会作为理性存在者而存在。西塞罗认为，法律是人们成熟智慧的结晶，是对自然理性认识程度的一种反映。他们都认为，基本的正义范式就是应得正义，正义就是每个人得到其应该得到的东西，而不是其不应当得到的东西，而法律的目的就是维护这种所谓的应得正义原则，从而维护国家的整体利益与所有人的安全。这种正义在我们现代的民法理论上就是物权制度、合同制度和侵权责任制度上的占有正义、交换正义和返还正义等。

近代法哲学家都把个人自由和权利视为法律的根基，注重法律的权利本位。近代至今在西方影响最大的法哲学理论流派，莫过于以霍布斯、洛克、卢梭、孟德斯鸠为代表的自然法学派，这些法哲学家经典思想的共同之处是，他们都认为法律只不过是人对自然法的模仿，是对自然权利的法律规范化，因而作为人定的法律应当把权利至上作为其基本理念。所谓权利至上理念，就是个人权利是法律、政府和国家产生与存在的道德依据，也是权力合法性的唯一原因，维护个人权利是权力行使的法定现职和唯一目的。自然法理论的历史意义是它彻底否定了君权神授思想的合理性，从根源上判处了权力本位理念的死刑，并为个人权利至上理念进行了哲学证明，因而这种思想在当时具有思想启蒙的作用。这种启蒙思想，就是要证明个人的自由权利不是哪个权威赐予的，不是派生于权力，而是相反，权力来自权利。在自然法理论那里，人定法是自然法则的体现，是人对自然法则的认识与确认，而自然法则的核心是个人自然权利。人天生就有自我生存的自由和运用一切手段维持生存的权利，这种权利是天生的，是自然赋予的，不是任何其他权威恩准赐予的。因此，法的根基是权利而非权力。霍布斯认为，自然法是自然状态下人的生存法则，但这种法则并不能得到普遍的承认与遵从，自然权利处于不确定的受侵害状态，人与人之间是一种相互侵害与相互报复的狼与狼之间的关系。为了结束这种相互伤害的自然状态，人们最终同意来订立一个共同契约，而法律、政府与国家都是依照这种共同契约而制定和成立的。为了结束人与人之间相互伤害的野蛮状态，为了使每个人的自然权利都能得到普遍保障，人们才不得已依照其理性，通过契约达成互不伤害的共同协议，并通过这个协议来制定共同遵守的法律，成立共同治理公共事务和执行法律的权力机构和国家。这就是早期社会契约论对法律权利本位的理论证明。其法律思想的核心主题，就是论证法律上的权力与权利的关系。权利与权力的关系问题也是法律设置中的根本问题，契约自然法理论把专制法律的权力本位转换为了权利本位，认为权力是人为了保护权利而设立的，权力的本质功能是保护权利，而不是凌驾于法律和权利之上的异化物。权力异化，就是权力脱离了其本身的基本功能属性，其本性走向了其反面，成了权利的破坏者。

近代德国古典法哲学强调人与人之间的自由并存。人与人要想和谐共存，就必须通过法律来确认符合自由并存的普遍法则。法是自由的产物，法律产生的前提是人与人相互承认他们之间是自由平等的人格，法律的首要目的就是使人成为人，并尊重他人为人。法是理性的产物，法的产生来自人的共同理性，法的目的和使命就是塑造文明社会所需要的理性人，进而构造理性的社会秩序，铸造理性的政府和司法，构建理性的国家。法的目的是基于自由法权尊重的和平，而法律就是人们为权利而斗争的必要手段。法是自由的定在，是人与人之间自由共存的法则。人的本质是自由，人是自我意志的决定者和承担者。自由是人与物的本质区别，人失去了自由，就受他人意志的支配或奴役。

以上就是权利本位与自由至上的法学思想，而民法就是权利本位法，私权自治就是民法的根本法则，民法的根本精神就是权利神圣与私权自治。功利主义法学认为，法的根基是幸福，而幸福的衡量标准就是功利原则。在边沁看来，法的根本宗旨，就是减少人的痛苦，促进人的幸福。法的正义性衡量标准，就是痛苦与幸福相抵的余数是正数，如果是幸福大于痛苦，即为正数，则为善，就是正义；如果正负加减之后是负数，这种法律则是恶的，这样执法后果也都是不正义的。依据功利主义思想，促进最大多数人的最大幸福原则才是立法和执法的基本原则。基于功利论的民法，其根本宗旨就是实现最大多数人的最大利益，最大限度地保护个人的人身权利和财产权利，最大限度地维护公共秩序与良好风俗，塑造有利于人们共同幸福生活的功利价值观。密尔认为，个人自由权利必须限定在个人私事领域，且必须不能对他人或社会共同利益造成危害，否则社会就有权对个人自由权利进行干预。法的一般共同内容，是最低限度自由的确认和保障，即个人正当权利不受他人伤害。换言之，只要一个人不对他人和社会构成伤害，那么他的行为和言论就是自由的，就不应该受到他人和社会的干预。从这个互不伤害的基本法则，可以推导出以下两个规则：一是，每个人在纯粹个人私事领域和无害于社会的领域是绝对自由的，社会无权干预；二是，当一个人的行为对他人和社会有害时，社会就拥有了干预的权力。一个人自由的前提是，这个人不伤害他人自由和社会利益。这就是密尔所谓的"伤害规则"。这在民法上就体现为权利和责任平衡的价值取向，即个人自由权利与社会利益都受到法律的尊重与保护。

规范主义法学认为，法律仅指法律规则，与道德是截然分开的两个独立系统。奥斯丁认为，法是一套规则、规范，法的产生源自上级的命令，下级必须无条件执行和服从这种命令。这种来自命令的法律，不论其是否符合道德理念，都必须一律遵从，这样就必然会导致"恶法亦法"的悖论。这种法学理论是从形式上来定位法律的，把法律规范与道德理念完全分开，认为法律就是由权力者制定的一系列具有强制性的行为规则。这样就把法律与道德完全切割开了，其意图是要避免借助于法的道德性来曲解法律规范，达到权力者个人谋私的目的。这种理论的缺陷在于，并非所有的法律都是权力者的命令，也并非所有的法律都是强制性规范。因此，当代新的规范主义法学，在批判早期规范法律理论缺陷的前提下，认为法律必须满足基本的道德要求，否则，人们就不会接受和自觉遵从这种法律，即法律必须体现最低限度的道德理念。这说明，法律不可能绝对地脱离道德这一精神根基，基于自由权利的正义是法律起码的价值基础。

总之，从古罗马到今天，无论哪些经典法学思想，无不以解构法的根本价值为己任。综观整个西方法律思想史，我们可以得出以下结论，法的宗旨就是：使人成为好人，使一个民族成为一个优良的民族，使一个国家成为一个优秀的国家。幸福、安全、和谐是法律的终极目标，自由、平等、正义是法律的基本价值取向；而民法是整个法律体系中最为基本的法律，它全面体现了人的基本生存权利与尊严，它对人的私权进行了全面的承认与保护，它也是公法的前提与基础。

二、民法的价值本位

关于民法的价值本位，理论上也有多种学说，主要有：个人本位说、社会本位说和国家本位说，这些不同的学说，根本上来源于法的价值本位问题。我们可以把上面三种主要学说称作：个人权利本位、社会秩序本位与国家权力本位。民法的制定与执行，都会遵循着不同的价值取向，决定着民法的立法宗旨、基本原则、规范体系等基本内容的构建。如果民法遵从的是个人权利本位，那么民法就突出个人权利的全面确认与有效保护，把维护个人权利作为民法的根本宗旨。

（一）民法的权利本位论

任何法都是人、权、法"三位一体"的完整体系。只有把民法放置在这个体系中，才能全面理解与把握民法的价值本位，而不能孤立地探究民法问题。人之为人的理性，就是法保障权利，这是人作为理性人存在的精神要素，因而法是人作为人存在的基本保障，权利和法都是人为自己所创造的精神产品与存在方式。因此，人只有在权利和法中才是作为真正的人存在的。民法是所有的人作为法律上独立的人格主体而存在的最为基本的法律形式，因为如果没有系统完善的民法体系，就不可能有理想的法权人格存在。

民法是民事权利的确认与保护的基本法律。民法不仅集中规定了自然人、法人或其他非法人组织的基本民事权利，还系统地列出了民事权利的"清单"，诸如，人格权、物权、合同交易权、知识产权等权利以及上述权利全面保护的请求权等。民事权利是民事主体作为人格的基本要件，如果没有这些权利，那么这些主体也就失去了作为人存在的基本资格。非法限制或剥夺这些民事权利，就等于在贬损民事主体的人格尊严。因此，民法把民事权利作为其设立的根基，就是要全面保障个人作为人存在的基本资格。在古罗马时期，奴隶就是没有任何法律人格权利的物理意义上的人，而非法律意义上的人。古代法律明文规定奴隶是归属于其主人的任意支配的物，自由人可以随意买卖奴隶。即使是柏拉图和亚里士多德那样伟大的思想家，也都认为奴隶根本就不是人，而只配做其主人支配的物，这是这些伟大思想的致命缺陷，是其历史局限性所致。

民法调整的对象是以民事权利和民事义务为内容的民事法律关系，民事活动的最终目的是通过调整民事法律关系来实现民事权利。人格权与所有权是两大基本的民事权利，两者是人格法律关系与所有权法律关系的核心内容，其义务人是不特定的其他一切人，义务人承担的是不得干预权利人行使权利的不作为义务。而在债的法律关系中，义务人与权利人都是特定的。但债作为动态的民事法律关系，它是以债权为目的的，债务只是债权实现的手段，因而债也是以民事权利为核心的民事法律关系。因此，民事法律关系的特点之一，就是它是以民事权利为目的、以民事义务为手段的特殊社会关系，彰显着民法的权利本位。民法的权利本位，在不同场合具有不同的显现。

首先，权利本位是相对于义务本位而言的。权利本位是指民法应当建立于权利的确认与维护这一根本宗旨上，权利是民法的根基与价值取向，而义务只是从权利本位中引申而来的，义务是作为权利满足的一种手段，而非法律的最终目的。而义务本位论认为，义务才是民法的根本价值取向，权利只是次要的，因为权利可以放弃，但义务却必须履行。义务本位论强调的是，履行义务是民法的最高价值，它往往与社会本位或国家本位相联系，因为每个人必须承担起维护社会合作的连带义务，必须承担起不得妨碍社会合作所必需的整体秩序的义务。因此，个人权利本位又往往是与社会本位、国家本位相对立或相对应的法律理念。

其次，权利本位是与社会本位相对应的。民法的社会本位是指民法要以社会整体利益和秩序为基本的维护对象，以维护整体利益为民法的根本宗旨。现当代社会法学派强调法律的社会性，把社会作为法律的唯一来源，法律是由于社会交往的需要而产生的，因而法律离不开社会。每个人都是社会中的人，是社会关系中的社会关系人，因为在社会中每个人都不是孤立的，都必然地与其他人发生合作关系。法律是这种社会中的法律，法律产生于社会，又反过来调整、控制和维护社会关系，克服和消除那些阻碍社会合作关系和破坏社会秩序的障碍，使社会合作与交往顺利进行。每个社会成员都必须承担起维护相互合作的社会义务，那些违反社会共同义务或者不承担社会连带责任的行为都是反社会的行为，法律要对那些反社会行为进行严惩，因此现代社会法学强调个人的社会义务与责任。《德国民法典》与《法国民法典》的根本不同之处就在于，前者突出了民法的社会属性，不再把维护个人自由权利作为法律的唯一宗旨。这就是民法的价值本位取向重大变更的体现。

最后，权利本位是相对于权力本位而言的。关于个人权利作为法的基本价值本位问题，洛克等人最早进行了较为系统的论述。个人自由权利至上，这是西方近代自然法理论的核心理念。个人民事权利作为民法的基本理念，最早体现于法国近代民法典，而作为个人权利至上理念的理论真正奠基者应该是洛克。洛克在其《政府论》中反复阐明并论证自然权利至上理念，他把法律、政府和国家产生的根本来源归为自然权利的转让，而法律、政府与国家成立的目的是保护每个人的自由权利，而且是唯一目的。这隐含着一个基本理念：权利是目的、权力是手段，权力必须以保护权利为其唯一目的，个人权利才是法的根本价值本位，是法的产生与运作的根本宗旨。规范法学派认为，权力才是法律的唯一来源，法律就是权力者的普遍命令，个人必须无条件地服从权力者的命令，因而这种理论强调法律的权力本位，而非权利本位。

（二）民法的社会本位论

社会本位，是指法律的根本宗旨是维护社会整体利益而非个人权利。社会本位，不是把个人自由权利放在法律价值理念的首位，而是把社会整体利益作为法律所应当追求的最终目的。法律的社会本位有诸多方面的表现，主要有：社会秩序稳定与和谐的构建，社会公共道德风俗的维护，社会核心价值观体系的引领等。现代法社会学派的思想要旨就是社会本位，法社会学家大都认为社会才是法律的根基，社会连带关系的维护是法律的根本使命。著名法社会学家狄骥认为，法律来源于社会关系，法律的宗旨就是维护社会连带关系，而这种社会连带关系就是相互合作的法律权利义务关系。他认为，法律的本位是社会秩序，每个人都有维护社会合作顺利进行的社会责任，因而他把社会责任作为个人必须承担的一种法定义务。法律要对那些阻碍社会合作而拒不履行社会义务的人进行法律惩罚，因而这种社会连带法律理论认为，法的首要价值是社会责任。现代具有重大影响力的法社会学家庞德把法律视为减少社会交往阻力并促进社会交流的工具，认为法律的基本任务就是对社会秩序进行有效控制，这就是所谓的法律社会控制论。庞德认为，法律的根本宗旨不是维护个人的自由权利，而是维护整个社会的公共利益，法律的根基是社会公益而非个人私利。在他看来，法律的主要任务是把社会交往的阻力与摩擦减少到最低限度。换言之，法律必须承担起促进社会交往的神圣职责，法律的根本任务就是促使社会交往阻力的最小化。他特别强调，法律要对那些反社会的公害行为进行严格的控制。总之，法社会学派都把社会整体利益视为法律的根基。法社会学不仅把社会视为法律产生的根源，而且把维护社会关系与整体秩序视为法律的根本使命，因而认为法律的基本价值取向就是社会整体利益，而个人都应当负有服从维护社会公共利益与整体秩序的公共义务，法律要对那些不履行这一公共义务的人进行惩罚，促使其承担社会责任。国家权力也必须承担对所有违反社会公共利益的个人自由进行依法干预的职责，因而法律应当授权国家对个人自由进行干预，这既是一项权力也是一项义务，而干预的目的是维护社会整体利益与秩序，干预的主要手段就是法律，而民法也必须体现社会本位这一基本理念。

（三）民法的权力本位论

权力与权利在法律上的博弈，是有史以来至今未曾消减的法哲学主题。柏拉图曾经论述道，强力不产生正义，也从来不是正义的来源，正义的本质是美德，正义就是每个人承担起与其德行相适应的职务，每个人都负有为整个国家尽其应尽的义务。卢梭把政府视为人民委托的代理人，权力应当为权利服务，以权利为中心。孟德斯鸠更是把专制权力视为一切不平等、不正义的根源，认为法治的根本使命是制约权力，只有权力受到了法律的应有约束，才能真正实现个人的平等与自由。但是，现代实证主义法学则公然把权力视为法律的价值本位，认为所有的法律都是权力者的命令，是一种有效的命令，而人们必须服从这种命令。当然，这一学派也认为，这种命令必须是普遍的而非个别特殊的命令。法律是权力者的命令，而服从法律就是服从权力，因而服从权力是人们必须承担的法定义务，法律的本质是义务而非权利。在规范法学理论视野里，法律体系是由一系列义务规则构成的，而民法也被其认为是由民事义务规则构成的法律系统，即民法就是民
事义务系统。权力的本质，是国家意志的体现，因而法律就是国家整体意志的体现，是权力的法律规则化。国家意志的本质是强制，法律的效力也就相应地体现为强制，法律的根本任务就是强制人们履行法律义务，进而服从国家的整体意志。

在经典社会契约论看来，权力与权利既是统一的，又是冲突的，两者在本质上是充满张力的，即权力越大，权利必然就会越小。权力本位是对权利本位的一种排斥，而权利本位在某种意义上也是对权力本位的否定，因为权力本位强调的是国家整体利益至上的法律理念，并不把个人自由权利放在第一位，而是过多地规定个人对社会和国家承担的献身义务。例如，柏拉图所设想的理想国就是国家至上理念的一种彰显，在这样的理想国里每个人都只拥有为国家各司其职的义务，履行这种义务就是正义美德，而法律的根本宗旨就

是保护国家的整体正义。而当代新自由论继承并发扬洛克的个人权利正义理念，认为国家权力必须被限制在最小的范围之内，法律必须体现个人权利至上理念，充分保护个人的自由权利，这是对权力本位的一种否定。因此，权力本位与个人本位的法律理念不仅在古代是冲突的，在当代也仍然如此，两者的这种冲突与协调问题在当代和未来的西方也会继续存在下去。

（四）权利、秩序与权力系统化

我国民事立法也要体现国家意志，国家意志主要是通过权力对权利进行干预来实现的，而权力干预民事权利的合理依据就是避免权利滥用，权力干预的唯一目的是把民事权利约束到合乎法律与公序良俗的范围之内。当然，在计划经济模式之下，经济运行主要由国家权力机关来规划，完全的计划经济是不允许任何个人之间的合同关系的，所有经济行为都是在国家计划之下运行的。

我们是社会主义国家，在民法制定中是能够很好地将这两种民法理念处理好，我们应当坚持以民事权利作为民法的基本理念，同时要体现社会整体利益，国家权力在个人民事权利危害到社会与国家整体利益时就有权进行必要的干预。我国改革开放的目的，就是要构建一个能够促进我国社会主义现代化建设所需要的社会主义市场经济体系。但是，改革的实践证明，权利、权力与社会秩序三者关系在法律制度上如何平衡确实是一个需要反思的重大课题。因为这不仅需要在理论上认清权利、权力与社会发展的关系，更要认清如何从我国的现实社会经济发展的需要来处理三者的辩证关系。

《民法典》的出台是我们法治理念走向成熟的反映，《民法典》第 1 条就把保护权利、维护社会经济秩序与弘扬社会主义核心价值观三者统一规定为民法的根本宗旨，体现出个人权利、社会秩序与国家权力的统一。但是，现实市场经济运行中仍然存在权利保护、社会公共秩序与国家权力三者关系的困境，这表现在市场经济一管就死、一放就乱，这种治理痼疾仍然没有得到完美匡正。我国民法的价值本位是复合型的，是个体权利、社会秩序、国家精神三者融合为一体的，是由三者构成的价值体系。我国民法的价值本位，不是单一的，而是由三个方面构成的一个整体系统。当然，理论上讲，我国民法的价值本位是权利本位，但是这种权利本位同时兼顾了社会利益与国家意志，因而这与单一的权利本位是根本不同的。私权自治与保护是民法最基本的属性，而民事权利自治，要受到诸多因素的限制，如社会公共道德、社会秩序和国家利益等。

总之，从历史上经典理论和我国立法改革实践来看，单一价值取向必然是不完善的立法理念，于是《民法典》采取了复合式价值体系，这一体系就是由个体权利、社会利益和国家权力相统一的价值模式。三者的相互关系是，个体权利是民法的基本价值取向，或者说民法的核心价值是个体权利，社会利益是民法要兼顾的价值理念，国家权力是协调个体权利与公共利益的必要环节。尽管《民法典》规定了行使民事权利不得违反社会公序良俗和国家利益，但是我国民法的基本价值本位仍然是权利本位，而非社会本位或国家本位，只是说，权利本位要受到社会利益和国家意志的限制。

三、民法的私法属性

（一）属性与公私法

属性是决定某物是其本身的本质特性，如果缺失了这一属性，那么这个事物就不再是其本身，就会消亡或异化、变质。属性具体显现为事物的功能、宗旨、使命、本能、本性，换言之，这些现象都体现着这一事物的属性。属性是一事物内在本质与外在特征的结合，是一事物区别他事物的基本标志。为什么是人不是一般动物？因为人的本质是自由，人的基本属性是理性，因而人被定义为：人是拥有自由的理性存在者。自然界完全受自然规律的支配，自己并不决定自己的命运，只有人才拥有自主的属性，人在本质上是受自由律支配的。法律就是人所特有的自我把握自我的理性能力，法律只是人作为理性存在的一种精神现象。

公法与私法区分的理论，是由古罗马的法学家乌尔比安最早提出的，乌尔比安还系统地论述了公法与私法的概念及其区分标准，并阐述了区分两者的意义。他认为，法律"有的造福于公共利益，有的则造福于私人。公法见之于宗教事务、宗教机构和国家管理机构之中"。公法是调整社会政治关系的，涉及社会和国家的稳定，而私法是调整个人之间私事的，涉及的是个人利益。公法关系是不允许个人通过契约协商来进行变通的，而私法上的法律关系则允许个人协商来处理。这与我们平常所说的公私分明理念很相近，公事公办、私事私办。梅迪库斯把法的各种学说归结为三大类：第一，利益说。根据利益说，判断一项法律关系或一条法律规范是属于公法还是私法，应以涉及的是公共利益还是私人利益为准。这种分类也有其不足之处，现代社会公共利益与私人利益往往不容易区分，如《反不正当竞争法》就不能简单地划归为公法或私法，因为它既保护公共利益又保护私人利益。第二，隶属说。这是依据法律所调整的对象来区分的，如果调整对象是隶属关系的就属于公法，而那些不具有隶属关系的就是私法。隶属关系不是平等关系，是一种命令与服从关系，而平等关系是主体之间相互独立的，不具有命令与服从特性的关系。但是，此学说也有缺陷，因为私法里有时也存在隶属关系，如私法中的亲权关系就存在隶属关系，而行政部门之间也存在平等关系的情形。第三，主体说。根据主体说，如果某个公权载体正是以公权载体的身份参与法律关系，则存在公法关系，而不是以公权载体身份参与法律关系的，就是私法关系。但是，这种学说也有其不足之处，它没有概括出公法的所有主要特征。

（二）私法属性

民法的私权自治性，就是民事主体对自己的私事有权自我决定，而不准他人强制干预，任何他人的违法干预都是违反私法自治原则的，因而自治也被视为民法的根本原则。私法最基本的原则就是私法自治或私权自治，而我国《民法典》上私权自治的基本表述是：自愿。自愿的基本含义是民事主体参与民事活动要依照自己的意愿，而自治是自愿的一种学理表述。自治的含义有两层：一是自治本身的正面含义；二是自治的反面含义。自治的第一层面的含义，就是私事由私人自己决定，自己是自己事务的主人，做出什么样的民事行为由自己来选择，与谁进行法律关系，以什么代价和条件进行民事行为，最终要由自己决定，当然自由意味着责任自负。第二层面的含义，即反面含义：私事自治就是避免他人干预，自己的私事自己当家，别人没有权利进行干涉，这就是一种所谓的消极自由，即免于他人干预的自由，或者免于强制的自由。私法是相对于公法而言的，公法是规范权力行为的法律，体现国家意志，如行政法、刑法、诉讼法等。公权与私权的关系是辩证统一的，一方面，公权保护私权；另一方面，公权与私权相互限制。公法是国家权力机关干预权的一种法定界限，在公权干预的范围内，私权是受到限制的。公法体现的是服从关系，不允许公法主体意思自治。而私法是私人的私权受到法律保护的法律，体现着私法自治原则，在法律范围内可以私权自治，私人拥有自我处分自己权利的自由，国家不能干预私事。例如，我叫什么名字，我拥有多少财产，我是否去签订民事合同及如何签订，国家在我不违反法律或侵害公共利益时都不得干预。私权是私人安全的堡垒，不经过本人允许，不经过法定程序，是不能干预的，例如，我的居住地，不经允许或经过法定程序，任何个人或机关都无权步入，否则就是侵权。西方近代法治原则的核心价值，就是私权神圣不可侵犯，个人自由权利至上。

当然，当代诸多西方国家也开始对私法自治原则进行种种限制，因而出现了私法公法化倾向，国家对私权自治进行各种限制，私权不再是绝对的不可干预。这种国家干预私权的依据，主要是出于社会公平、公共道德、公共安全、公共发展等公共需要。但这也导致了国家政府滥用公权力，甚至肆意粗暴侵犯公民私权，如美国屡次发生的警察殴打黑人致死案件。在西方国家也常常发生公权与私权的冲突，国家政府干预公民私权行为受到公众的抵制。因此，私权与公权如何平衡，公权对于私权控制的力度与范围如何限定，这一直是现代法治理论与实践中的一大难题。私权的另一层含义，是相对于政治权利而言的，个人享有两种权利，一种是民事权利；另一种是政治权利，前者属于民法调整的范围，后者是宪法、行政法调整的对象。政治权利就是个人依法享有的参与政治和公共活动的基本权利，如选举权、参政权、宗教自由权、言论自由权等。

我国改革开放初期受极"左"思想的影响，理论上并不承认民法的私法属性，认为一切法律都是国家意志的体现，都属于公法。因而那时人们普遍认为，不应当把法律分为公私两大阵营，并且至今仍然有少数学者认为，凡是法律都是体现国家意志的公法，不存在私法，而且认为公私法之分纯属西方资本主义法律体系所独有的，我国法律不应当承认与接受，也从来没有过所谓的私法。但是，在我国改革开放与社会主义法治体系构建的过程中，公法与私法理论已经开始为学界所逐步认可，公法与私法之争与社会主义市场经济的确立相伴随。现在法学界大多学者认为，民法的本性是私权法，与行政法等是有根本区别的，民法（不含已经出现公法化趋势的商法）立足于维护私人利益，采取自由调整方法，属于私法的典型代表。

民法是对民事主体的民事法律地位、民事权利能力、民事权利体系等民事法律制度进行全面系统规制的基本部门法。民法的私法属性，可从以下几方面来理解：第一，从宗旨上可以看出民法的私法属性。民法的根本宗旨是保护民事主体的合法权益，而民事权利的取得、行使和处分都完全依照自愿原则，完全由民事主体自主决定。民法宗旨所定位的民事权利本位决定了民法的私权自治属性，这是民法的灵魂之所在，它支配着整个民法内容与结构体系。国家只是对民事权利进行系统确认与有效保护，对侵害民事权利的行为进行法律干预。这些都说明民法在本质上是私权自治法。第二，从民法调整的对象来看，民法是调整私人民事关系的法。民法调整的对象，是平等的民事主体之间民事权利义务关系，民事关系的平等性表明民法的私法属性，因为平等关系是相对于命令与服从的公法关系而言的。第三，从民法的基本原则也可以看出民法的私法属性。民法的最基本的原则是自愿，自愿就是指，民事主体依照自己的意愿设立、变更或终止民事法律关系，依照自己的意愿进行意思表示和行使民事权利。自愿的本质就是自主，在民法理论上就是意思自治，也叫私法自治。因此，民事自愿原则就是民法私法属性在法律形式上的最为直接的表述。第四，从具体民事制度来看，也表明民法的属性是私法。我国《民法典》分别规定了物权、合同、人格、侵权责任、婚姻家庭等具体民事制度，而这些民事制度系统规定了民事主体的财产权和人身权的内容种类、行使、转让、保护等制度。这些制度一般奉行的都是民事自治原则。从以上方面可以看出，民法的属性，必然需要民法的宗旨、基本原则、民事法律关系制度和各种具体的物权、债权等制度来系统地体现。因此，民法就是基于民事权利与私权自治的各种民事法律关系制度构成的完整体系，是由诸多小系统及其要素构成的大系统，这就是民法精神与体系的系统论特征。民法是调整民事关系、保护民事权利的基本法，而民法调整民事关系必须依据基本的法治理念，这些法治理念就是民法的基本原则。

第二节　民法宗旨与使命

一、民法的宗旨

（一）民法宗旨概述

我国《民法典》第 1 条就表明了民法的立法宗旨："为了保护民事主体的合法权益，调整民事关系，维护社会和经济秩序，适应中国特色社会主义发展要求，弘扬社会主义核心价值观，根据宪法，制定本法。"该条是一种宣示性条款，公开声明民法是干什么的，表明民法的立法宗旨。《民法典》的其他所有条款都是围绕该条展开的，整个民法体系的构建就是以此为核心，都是为了实现这一条的总要求。因此，民法的宗旨，就是民法的灵魂，彰显着民法的根本精神，是整个民法体系的根基。只有全面理解民法的宗旨，才能从根本上把握民法体系的总精神。

所谓的宗旨，就是指一个事物存在与发展的根本目的，是其生命所负载的终极使命，也是这一事物存在的合理根据。依据亚里士多德的四因说，一个事物存在的基本依据是由四个原因构成的，即目的因、动力因、形式因与质料因，而目的因是事物存在与发展的根本依据，它决定着其他三个原因，也决定着事物的根本属性与存在方式。一个事物与他事物的根本区别，就在于其宗旨的特征性，一个人是这样，世界万物无不如此，法律当然也是这样。某一事物如果失去了其应有的宗旨，那么该事物就不再是其本身了，就会异化为他物，原本的它就会走向衰落死亡。大学生以学习高级知识技能并为将来成为一名社会高级人才为其目的，如果不再以此为目的，要么变为学渣，要么成为社会其他类型成员。一个教师也是由其承载的特殊使命来定位的，即教师就是专门以教书育人为使命的特殊职业者。如果一个教师离开了教学岗位不再从事教育工作了，那么他也就不再是一名真正意义上的教师了。一个书桌是专供人学习之用的桌子，如果这个书桌彻底坏掉了，那就失去了供人学习的基本功能，那么这个书桌也就异化为它物，不再是真正的书桌了。法也有其宗旨，真正意义的法是维护人的存在与发展的公器。

民法的宗旨，是指民法所承载的基本使命。民法的宗旨决定着民法的根本精神与规范体系之设定，如果民法规范偏离了民法的宗旨，那么这一民法规范也就违反了科学立法之原则，也当然不是良法了，它就必须予以修改或废除。民法的宗旨并不是由单一要素构成的，而是由多个要素构成的完整系统，它至少包括保护民事权利、维护社会秩序、弘扬核心价值观等方面。保护民事权利是民法的基本任务，民法同时还肩负着维护整个社会秩序、弘扬社会主义核心价值观和促进国家全面发展的使命。可以说，民法的宗旨是由个人权利、社会公利和国家发展三个方面构成的完整系统。

民法的宗旨决定着民法的基本属性。换言之，民事的基本属性可以从民法宗旨中推演出来，从民法保护民事权益这一基本宗旨中，可以推导出民法的私法、权利法和基本法等属性。或者说，民法的基本属性只有放在民法宗旨中，才能得到更好地理解与把握。民法与社会主义市场经济的相互关系、民法与社会主义核心价值观的相互关系等基本问题，只有联系民法宗旨才能全面理解。

总之，我国《民法典》开门见山宣示了民法的根本宗旨，表明民法承载着如下主要任务：保护民事主体的民事权利、维护社会经济秩序、弘扬社会主义核心价值观等。因此，民法宗旨是由多个具体任务构成的完整系统，呈现出权利、秩序、价值观的"三位一体"范式。

（二）权利、秩序、价值观"三位一体"

任何一部法律的宗旨，都集中体现在这部法律的第一条，该条是对这部法律基本任务的集中宣示，而法律的基本原则和法律规则制度都是这一条的具体展开。

从我国《民法典》第1条可以领悟到民法任务的系统性。民法的任务主要体现在保护民事权益、维护社会和经济秩序、弘扬社会主义核心价值观等三方面。这三项任务在民法中的地位是不同的，保护民事权益是民法的基本任务，其在民法任务系统中居于核心位置，体现着民法的根本精神，彰显着民法的私法属性或权利本位；维护社会和经济秩序的使命，体现着民法维护公共利益的使命，彰显着民法的公共品性或社会意义；而弘扬社会主义核心价值观，是民法所肩负的维护公共道德使命，彰显着民法的价值导向。这三项任务是相互促进和相互制约的辩证统一关系。一方面，保护好民法权益，是维护社会和经济秩序的前提，也是弘扬社会主义核心价值观的基本要求与体现。另一方面，三者之间也存在着相互冲突的情形，因而如何协调好三者的相互关系，是民法发展历史中一直存在的基本问题之一。民法的任务是维护个体权利与维护社会利益的统一。个人权利与社会利益，何者应为法的价值本位问题，自古至今一直是法学理论争论的热点话题。凡是把保护个人权利作为法的首要任务的理论，就是自由主义法学，而凡是把维护社会利益作为法的首要任务的，就是社会法学。古罗马时就有私法与公法之分的理论，西方近现代也有个人自由主义法学与社会法学流派。我国是社会主义国家，我国在民事立法上采用的是个体权利与社会利益相统一的法则，强调保护个体合法民事权益是民法的基本任务，而维护社会与经济秩序、弘扬社会主义核心价值观是民法的最终目的。我国民法立法任务的哲学依据，是特殊性和普遍性相统一原理，国家社会普遍性中包含着个体合法权益特殊性要求，而个体特殊性也不得违反普遍性法则。一方面，民法是确认与保护民事权利的基本法，民事主体的人身权利和财产权利得到民法的全面确认和平等的保护；另一方面，民事主体行使其权利时，也必须不得违反社会公共利益和国家利益，不得违背社会主义核心价值观。当我们说到民法的使命时，有时只是把民事权利保护作为民法的唯一目的，而民法所承担的社会使命往往被忽视。民法保护民事权益的终极目的，是维护整个社会与经济秩序和弘扬社会主义核心价值观，塑造一个理想的社会和国家。这涉及民法系统与社会其他系统的相互关系，诸如民法与市民社会关系问题，民法与社会主义市场经济关系问题，民法与社会主义经济制度关系问题。民法所承担的弘扬社会主义核心价值观的任务，是前两种任务的一种精神根基。民法保护民事权利和维护社会秩序，本身就体现着我国当代的核心价值观；同时，这种核心价值观又指导着民事立法与民事活动，是民事活动必须遵从的基本原则。民法所规定的自愿、平等、诚信、公平等基本原则，就是社会主义核心价值观在民法上的直接表述。凡是违反社会主义核心价值观的民事行为，就不会得到民法的承认与保护，在其法律效力上就必然是有瑕疵的。

二、民法的基本使命

（一）保护民事权利

我国《民法典》开门见山地宣示了民法的首要任务是"保护民事主体的合法权益"，这是民法所要完成的基本使命。我们前面说过，一个事物的使命决定着该事物的基本属性，是其区别于其他事物的本质特征，因而它也应该是这一事物概念的核心内容。我们从民法的基本任务，可以推导出民法最简化的定义：民法是保护民事权利的基本法。同理，当说到是什么刑法时，我们也会从刑法的基本使命中推导出刑法的定义，即刑法是指有关定罪与量刑的基本法，其基本任务就是确定什么是犯罪、犯了何种罪以及应否处以刑罚和处以何种刑罚的法律规范。我们也可从两者的使命，来区别民法与刑法，并总结出各自的根本特征或属性，这主要体现在：民法是保护民事权利的法，而刑法主要是惩罚犯罪的法。同样，民法保护民事权利的使命，也是其与行政法的根本区别。行政法的理念是义务或职责，履行法定义务或职责是行政法的核心要义。行政法是有关命令与服从关系的法，违反行政义务或职责就可能受到法律的处罚。行政权的本质是义务而非权利，因为权利可以放弃，而义务或职责是不能放弃的。

《民法典》总则编规定了民法的基本任务，即保护民事主体的民事权益，同时也集中规定了"民事权利"的具体种类、取得、行使等。而《民法典》各个分编，分别规定了民事主体所享有的各种具体的民事权利与保护制度。在《民法典》出台之前，《合同法》第1条规定了"为了保护合同当事人的合法权益"；《物权》第1条规定了"保护权利人的物权"；《侵权责任》第1条规定了"为保护民事主体的合法权益"。这些法律的第1条均规定了保护权利。《民法典》在第1条集中规定了民法的基本任务，"保护民事主体的合法权益"，而各分编就未规定各自的基本任务，这可能是出于避免行文上重复的考虑。总之，保护民事权利是民法的"本职"，离开这一本职，民法就失去了其基本属性，它也就不再是真正的民法了。

（二）保护民事权利的主要体现

民法是专门系统确认与保护民事权利的部门法。抽象地讲，民法平等地适用于一切自然人、法人和其他组织，"所谓民法，即适用于全体人的法，是一个无等级社会的法"。民法是确认与保护所有民事主体合法权益的基本法，民事权利就是民事主体基于对自身利益的享有和对物的占有等所依法产生的基本权利。民法是个体私权的"宪法"，是人作为人所享有的最为基本的人格权、物权、交易权、家庭婚姻与继承权和受害救济权等民事权利。

第一，民法的首要任务，就是全面确认民事权利。民法要保护民事权利，就必须系统全面地规定民事主体应当拥有哪些民事权利。民法由此而享有权利基本法的美誉。权利是人作为人在法律上的承认与保护，权利只有在人与人之间才会显现出来，而民法是全面体现和平等保护民事权利的专门法律。因此，如果离开民事权利的规定，那么民法就只是一个空洞的外壳，也就不再是民法了。民法既是民事权利的总清单，也是人民安全和幸福的担保书，而民事权利的最终担保人是国家。民事权利的确认程度、侵害程度与维护程度，是衡量一个国家法治水平的试金石。实现民法使命的关键，在于政府权力的整体良性运作和司法公正裁判。民法的整个体系都是以民事权利的确认与保护为起点和最终归宿的，而刑法是防止与惩罚侵害公民、法人、社会和国家利益的犯罪行为的基本法，其最终目的也是保护个人、社会与国家的根本利益与安全的；同理，行政法、各种诉讼法都是以保护个人合法权益与社会国家公共利益为宗旨的。民法不是保护实现民事权利的唯一法律，却是全面系统确认和保护民事权利的基本法律，这就是民法所特有的功能，但要全面实现这一功能，仅依靠民法还是远远不够的，还需要其他法律的配合；这就是民法的功能及其局限性的基本表述。我国《民法典》不仅开篇就声明了保护民事权益，而且在总则里专门有一章规定了民事权利。在我国《民法典》分则中又专门设立一编全面规定了人格权，这是我国《民法典》编撰上的一种独创，这也表明我国对于人格尊严与人格自由的重视程度。物权编专门系统规定了个体对物的享有权，合同编是民事权利的设立与转让的法律制度，而家庭婚姻法律制度是民事主体基于家族与婚姻关系而享有的身份权与财产权。

第二，民事法律行为，是民事权利设定的基本法律事实。民事法律行为是设定民事权利的最为基本的法律事实，这是相对于事实行为、事件或状态等法律事实而言的。民事主体参与民事活动，最终目的是通过其民事法律行为来实现其欲求的民事权利。民事法律行为也需要一定的规则，这是民事主体相互交往的基本行为规范，是形成良好法律秩序的基本保障。民事法律行为规则的本质，就是对民事权利的尊重，而起码的尊重就是不伤害和诚实对待，例如，暴力与欺诈就是对民事权利的一种不尊重，于是民法就明文规定了因为暴力和欺诈所致的民事法律行为是可撤销的或者是根本无效的。

第三，民法构建了系统的民事权利保护制度。我国《民法典》的侵权责任编，是对侵害具体民事权利的一种法定救济制度，是对所有民事权利提供全面保护，这种救济包括自力救济与公力救济。自力救济在法治不健全时期是维护民事权利的最为有效的方式，现实中曾经出现各种自我维权的方式，有的用上访的方式，有的用所谓"闹事"的方式，有的甚至寻求所谓的黑社会人员讨债，或者用杀人、绑架、暴打等违法方式，还有用跳楼、自焚、喝药等自绝方式来讨债的。这说明什么问题？根本上说明法治程度还相当不成熟，法律还不能全面保护公民个人的基本权利，因而民事主体往往寻求自己认为最为有效的维权方式，甚至只是来宣示一下保护自己权利的意志与无奈悲情，并以此引起国家与社会的关注或呼唤国家权力的救济职责。民法个案的悲剧，不仅是个人的不幸，而且是法律不健全和法治不完善所显现出来的一种法律现象。随着我国全面法治建设的逐步推进，这种个案悲剧现象已经得到根本上的遏制，人民的合法权益得到了法律更为全面的保护。在中国全面构建现代法治的当今，自力救济是受到法律的严格限制的，只有在无须公力救济或者公力救济暂时无法提供的时候，法律才允许个人进行自力救济。自力救济就是依靠自己的力量来保护自我民事权利，例如，正当防卫、紧急避险等，但是这些自力救济也不得超过必要限度造成不应有的危害，否则要对这种不必要的危害负民事责任。另外，我国还规定了民事权利行使的基本原则及其限制等内容。在建构现代化法治中国的伟大工程中，民法所承担的保护民事权利的使命显得愈加神圣，因为民法作为民事权利保护的基本法可以说是我国全面法治体系的奠基石。民法不仅承担着保护个人民事权利的任务，还负载着维护社会和经济秩序的使命。

第三节　民法系统论

一、民法与市场经济、市民社会

（一）民法与市场经济

民法是建立在一定的经济结构基础之上的法律系统，民法与市场经济是两个相互独立的社会子系统，同时又是联系最为密切的两个系统。市场经济，是以合同为基本纽带的经济模式，而契约自治是市场经济的基本原则，是受到民法规范和调整的法治经济。因此，成熟的市场经济是一种民主的、自由的、法治的现代化经济模式，它是相对于传统计划经济而言的。

第一，宏观上看，两者是经济基础与上层建筑的关系。一般而言，经济基础决定上层建筑，同时上层建筑又体现并服务于经济基础。市场经济是相对于计划经济而言的，计划经济体制下国家是市场规划行为的决定者，国家是唯一的经济主体，不存在竞争，也就根本不需要所谓的合同法，而生产主体、生产种类、产品价格都是由国家规定的，生产成果也直接归于国家。我国的基本经济制度是社会主义公有制，而经济运行方式已经转化为社会主义市场经济，而市场经济必然需要法律来调整，而不是仅仅依靠行政命令来管理。

我国经济体制改革，其目的就是要构建一种完善的市场经济模式。我国所要构建的市场经济体系，既具有一般意义上的自由法治经济的特征，又要突出我国市场经济体系的独有特色。为什么我国民事立法中必须要坚持在市场经济前面加上"社会主义"？这是因为我国所要构建的市场经济是社会主义性质的，是基于我国公有制基础之上的多种经济主体并存的市场经济；这与西方完全私有化的市场经济体制存在根本差异。关于"社会主义"的规定，在之前颁行的《合同法》(已失效)、《物权》(已失效)都进行了相应的规定,《合同法》规定"促进社会主义现代化建设"；《物权》规定"为了维护国家基本经济制度，维护社会主义市场经济秩序"，完整地表达了我国的市场经济性质，即"社会主义市场经济秩序"，同时在其前面又用了"国家基本经济制度"，显然这两个语句是为了强调《物权》的社会主义属性，以区别于资本主义的《物权》性质。什么是国家基本经济制度？什么是社会主义市场经济秩序？两者又有何种联系？为什么《物权》对于社会主义性质如此强调？而《合同法》与《侵权责任》(已失效)为什么没有如此全面地规定社会主义市场经济与社会主义基本经济制度？《物权》制定之前我国学界关于这一问题进行了长时间的争论，但最终还是把社会主义加在了市场经济前面，并强调市场经济的社会主义性质。这是因为《物权》是规定物或财产归属问题的，物权主体到底是只有个体一种，还是存在集体或国家多种？我国是以公有制为基础的多种经济成分共存的经济制度，本质上是社会主义经济制度；这与西方完全私有化的典型资本主义制度是存在根本区别的。与此同时，要明确的是，我国的经济运作形式，是计划经济前提下的市场经济体系，市场经济只是实现社会主义经济制度的具体手段。两者并不冲突，是完全能够结合在一起的。

当前的《民法典》也确认了中国特色的社会主义市场经济体制，因为只有这种建立于公有制基础上的市场经济模式，才能真正实现以人为本的现代法治理念，才能构建真正意义上的自由、平等、正义的市场经济。这也决定了我国民法的社会性质，民法也必然地要体现中国社会主义特色，促进私人权利和社会公共利益的共同协调发展。但是，长期以来存在的突出问题是，如何使市场自由与国家干预实现真正的平衡；这是一个国家智慧发展程度的体现，正如西塞罗所云，法律是成熟智慧的结晶，或者是成熟的理性。民法也必须把社会主义与市场经济相结合作为其立法的基本原则，民法的立法宗旨就是在维护民事权益的基础上使个体权利与社会公共利益统一起来，避免个人权利与社会公共利益的冲突。市场经济就必然催生现代化的市场法律体系，要求法律为其提供安全保障。总之，有何种经济运行模式，就必然要求何种法律与之相适应，社会主义市场经济也必然呼唤有我国特色民法体系的制定与完善。

第二，从系统论角度来讲，两者是经济系统与法律系统的关系。经济与法律都是相对独立的封闭系统，两者都有自己独特的功能使命与结构体系。同时，法律系统在其发展过程中会把一些经济运行要素纳入自己的系统，即经济运行要素的法律化。经济要素的法律化，不仅是法律系统自我发展的结果，更是经济系统发展的自身需要。当然，并非所有的经济运行要素都要转化到法律系统中，只有那些需要法律来确认与保护的经济运行要素，才会被纳入法律系统，成为法律系统的一个小系统。这些法律化的经济运行要素包括经济主体要素、行为规则要素、运行保障要素等，而这些经济要素的法律化过程就是市场经济走向法治化的生长过程。这就是法治经济，这种法律就是市场经济法律化。市场经济最为基础的法律就是民法。需要注意的是，除了民法以外，市场经济的基本法律还有反不正当竞争法、反垄断法等法律。

第三，市场经济需要民法规范。市场经济的运行，是依靠每个市场主体的自我决断以及市场主体之间相互交换来实现各自利益的。在经典市场经济理论看来，市场经济的每个主体都被假定为理性人，每个市场主体都是一个独立的市场理性主体，都是追求自己利益最大化的效果判断者、行为决定者、责任承担者。这种理性主体最了解自己的市场利益与经济能力，因此只有他才是自己市场行为的最佳决定者，无须他人的命令与支配。任何市场主体都享有免于他人非法干预的自由，即理论上的消极自由。亚当·斯密认为，市场经济的运行主要受到"两只手"的影响，市场之手和政府之手。前者是自发起作用的，因而被视为一种无形的手；而政府之手则是通过权力干预来实现的，因而被视为看得见的手。在完全自由竞争的市场经济状态下，政府之手被严格限制在维护市场主体利益免于伤害的范围之内。当代市场经济不再是完全自由放任的经济形态，而是在国家权力适度干预下的市场经济。因为西方早期的完全自由经济体制已经日益暴露出资本主义市场经济的固有缺陷，这就是所谓的完全自由必然导致不自由。市场经济的每个主体都在追求各自的利益最大化，这就带来了一个问题，即社会公共利益得不到市场主体的应有重视，而且长期的自由竞争最终导致了垄断，而垄断必然严重破坏市场自由竞争法则，最终导致市场经济的无序竞争与恶性竞争，严重阻碍着市场经济的良性有序发展。西方至今仍然在经历着根深蒂固的全面社会危机，其根本症结就在于其畸形的市场经济模式。我们所构建的市场经济是建立在社会主义制度之上的，是个人自由权利与社会整体利益相统一的新型经济模式，是完全能够克服和避免西方极端市场经济所犯的错误的。

市场经济在本质上是自由式经济模式，每个市场主体都依据自己的意愿参与市场活动。但是，这种自由式经济并非不需要法律规制与保护，因为如果没有系统的市场法律来规范与保护，那就必然导致整体经济秩序的混乱，最终会引发暴力与欺诈的横行。因此，凡是市场经济，都必然地需要系统的法律规则来规范。只不过市场经济法律在市场经济早期与现代发展中的使命、目的是不完全相同的。在市场经济初期，民法的使命是保护民事主体的民事权利，并且这是民法的唯一使命，国家权力超过这一界限就是权力暴虐；而当代民法的使命，除了原初的任务之外，它还承载着维护社会整体利益与公共秩序的使命，突出了国家权力对市场行为的适度干预的合法性，从而最大限度地缓解市场个体行为与社会公共利益的冲突。总之，市场经济是民法的根基，市场呼唤民法，因此，民法要全面地反映市场经济自由平等合作与竞争的基本要求，促进市场经济的良性发展。

第四，民法本身就是市场经济的基本法之一。民法从以下方面为市场经济提供完整系统的规则体系。民法规定的宗旨与基本原则，是市场经济运行必须遵行的基本法则，反映着市场经济的基本价值导向。民法规定了民法保护民事权利、维护社会与经济秩序、弘扬社会主义核心价值观等的基本使命，系统地规定了平等、自由、诚信等民法基本原则，为市场经济指明了基本方向，市场行为不得违反这些任务与原则，否则国家不予以保护，民法把欺诈、胁迫等行为所致的民事法律行为规定为可撤销的或无效的，甚至还要追究行为人的其他法律责任。民法规定的民事主体制度，也是市场主体必须遵守的一般规定，尤其法人制度是市场经济中最常见的主体种类。民法将民事主体细分为自然人、法人和非法人组织，这也为市场经济主体准入制度提供了基本准则。市场经济首先要求法律确认民事权利的合法性，因而民法要全面系统地确认民事主体所应当享有的民事权利。从民法基本任务上说，我国民法是维护人的基本民事权利的法律，是全面建成小康社会和法治社会的主要法律之一。从民法与中国特色社会主义市场经济的关系上来看，民法为市场经济构建了基本的法治框架，规范市场主体制度，制定物权确认与保护制度，设置市场交往基本规则体系，还为工业产权和著作权等知识产权提供了制度保障。物权制度与契约制度是市场经济构建的两个基本前提，物权的获得是市场经济行为的基本目的，而物权获得与财产增值则主要是通过契约关系来实现的。特别需要注意的是，我国《民法典》把人格权作为单独一编进行规定，与物权、合同、侵权等并列成为独立的一种基本民事权利。这说明了我国对人格权的重视，同时也是市场经济的基本要求之一，因为只有市场主体拥有独立的法律人格，才能够保障市场运行者的法律地位。当然，市场主体的人格权有其独特的一面，但其主体权利精神与一般民事主体精神是相通的。民事法律行为与代理制度、民事责任制度以及时效制度也为市场行为提供了基本的规则标准。

民法的物权制度、合同制度等，也全方位地为市场经济提供了财产权利的保障制度和市场交往的一般规则。合同关系是市场经济运行中最基本的法律关系，合同法律规范是市场经济的最基本的法律制度。市场经济在动态上是市场主体之间通过合同关系来实现各自权利的合作与竞争关系。供求交换关系在本质都是权利的相互转移的合作关系。合同关系是市场经济的基本关系，因而合同是联系市场主体的纽带。自由、平等交换需要法律来提供规范体系，维护市场经济的正常合理运行，保护市场主体的正当利益。合同关系是市场经济关系的主要内容，合同把每个市场主体联系起来。合同关系本质上体现着平等、自由的现代法治理念，体现着真正的民主精神。这些法则的核心精神就是合同主体之间的相互尊重与真诚合作，也是私事自治原则的体现。凡是权利的交换与义务的履行，都必须是建立在合同双方或多方主体的协商一致基础之上的，而非任何一方强制他方屈从于其意志之下的强权关系，民法不承认那种强制交易行为的法律效力。因此，市场经济是自治的民主经济，合同法必须体现平等、自愿等基本的合同法则。从这个意义上讲，合同法表明市场经济是民主与法治相统一的经济模式，同时我国市场经济也必须体现自由、民主、平等现代化法治所要求的基本精神。民法的平等、自愿等基本原则来自市场经济的基本需求。例如，电信服务商与个人消费者之间、用工单位与雇工之间的合同，都是一种格式合同，可能存在形式平等而实质不平等的情形，因为一方易于滥用其资源优势地位或者信息不对称地位，而弱势一方只有同意与不同意的"自由"，而没有讨价还价的"自由"。针对这种易于产生违反平等、自愿、诚信和公平原则的格式合同，民法作出了格式合同无效的情形。另外，民法通过违约责任制度和侵权责任制度的设置，来为市场经济提供有效的保护。民法不仅规定了侵犯一般民事权利的责任承担原则与形式，也规定了具体的违约责任制度、侵犯知识产权责任制度，这些规定都直接地为保护市场主体的民事权利和维护市场经济良性运行提供了系统的法律保障。

市场经济要处理好市场自由与政府干预的关系。市场经济的自由竞争规则，在民法中主要集中体现在民事自愿原则，而自愿原则体现在两个方面：一是市场主体之间互不强制；二是市场主体免于政府的非法干预，以保障市场主体能够真正做到自主经营。但市场自由发展，往往会导致垄断的产生并最终阻碍市场自由，

所以，政府适度干预市场行为是必不可少的手段。但是，经验告诉人们政府权力干预又往往会滋生权力滥用，因而如何干预，干预到何种程度，这是当代法治建设中的重大难题之一。市场法治化就是寻求个人权利与国家干预权之间的一种平衡，以求最大限度地促进市场经济的真正自由发展。国际上还有个别国家声称不承认我国完全的市场经济国际地位，其实当代的西方也不存在完全自由的市场经济形态，大多数国家已经大大加强了权力对于市场自由的干预，以最大限度地保障社会整体秩序的和谐，但是西方没有哪个国家能够真正做到政府依法适度干预市场自由的，而西方经济危机、政治危机以及道德危机不仅从未消除，而且此起彼伏、愈演愈烈。这也为我国民法的逐步完善提供了反面的素材，同时我国民事法律的立法演进也不断地满足我国市场经济的改革与完善的合理需求。

（二）民法与市民社会

市民社会和市场经济虽然在内容上是相近的两个概念，但在性质上两者是根本不同的概念。市场经济是相对于计划经济来讲的，市民社会则是相对于公民社会或自然状态来讲的，有时是相对于家庭与国家来讲的。古罗马时期就有了市民社会的概念，它是相对于家庭和公民社会而言的，这里的市民一般是指自由人，因而那时的市民社会与近现代的市民社会概念在性质上是完全不同的。古代的市民社会是少数人的社会，而在近代自然法学理论中的市民社会是所有自然人的社会，它是相对于自然状态而言的，指的是通过社会契约而制定法律、成立政府、组成国家的文明状态。而在德国近代经典法哲学理论中，市民社会是相对于家庭与国家而言的。

黑格尔认为，家庭、市民社会和国家是三种基本的伦理实体状态，而在家庭、家族、氏族里，每个家庭成员都没有独立的法权人格和财产权。个人从家中走出来，进入市民社会，就好像是从温暖的家中被抛出似的，但获得了独立的法律人格。在黑格尔看来，市民社会是以法律为纽带的法权社会，人与人之间是纯粹的法律关系，在这里每个人的人格权利和财产权利都得到了法律上的承认和保护，人们之间的相互需要与满足是通过契约关系而得以实现的。所有权、契约和不法，是市民社会三种基本的抽象法。虽然每个人在市民社会都获利了独立的法权人格，但是人们失去了家庭中的爱，人们之间纯粹是冷冰冰的法律上的权利义务关系。市民社会还有一个天然的缺陷，那就是个人自由往往是与社会公共利益相冲突的，个人特殊性与社会普遍性之间存在着天然的张力。为了克服这种家族和市民社会的缺陷，国家就必然出现了。一个成熟的现代国家，是超越了家族和市民社会两种实体并将两者的优点统一于国家自身。黑格尔提出了新型的国家标准，真正的国家是整合了家庭与市民社会的伦理实体，成熟的国家必然是爱与法律的统一，国家的基本原则是普遍性与特殊性的统一。黑格尔批判那些把市民社会当作国家的观点，指出市民社会式的国家不是真正的国家形态，只是个人自由的乐园而非个体与整体统一的国家形态，在当代的法社会学理论中，市民社会被认为是陌生人之间相互交往的社会，是基于一定的地缘而非亲情关系而生成的，每个人都是独立自主的社会人。这里的市民社会是相对于熟人关系的组织而言的，这种熟人关系有合伙关系、法人内部关系等。在熟人社会里，人们之间的关系不是依靠法律关系来维系的，而是依靠内部服从和友爱共同来维持的。

市民社会自古以来就是一个有多重含义的概念，也是一个有争议的概念，因而它没有一个统一的概念。市民社会在我们国家也是一个存在争议的概念，一般而言，人们往往把市民社会与社会概念视为同一概念，也有人认为我们国家不应该存在市民社会的概念，并且认为我国从来就没有过市民社会，只有公民社会，还认为市民社会是资本主义国家理论所专有的概念。不论我们是否承认存在市民社会，我们都不得不承认我国《民法典》承担着维护社会秩序的使命，这是我国《民法典》明文规定的。这里的社会秩序是民法所维护的对象，民法所追求的理想状态就是经过民法规范调整后所要形成的稳定和谐的社会状态。在这个社会秩序中，每个民事主体的民事权利都得到了应有的保护，每个民事主体在行使其民事权利时都没有危害社会整体秩序，所以在我国社会主义国家里从本质上讲民事权利与社会整体秩序是一致的，因为当每个人都依法行使权利并遵守义务，那么就必然会形成一个良好的社会秩序。如果说保护个体民事权利是民法的基本任务，那么维护社会秩序就是民法所承担的最终任务。民法的这两项任务是同等重要的，一般情况下两者是一致的，但也会发生冲突，这时我们一般认为个体民事权利要服从社会整体秩序的需要，个体民事权利要受到社会秩序的限制，否则就可能构成民事权利滥用。

二、民法与社会主义核心价值观

民法的基本精神与体系，全面体现着社会主义核心价值观的基本理念。我国社会主义核心价值观包括"富强、民主、文明、和谐，自由、平等、公正、法治，爱国、敬业、诚信、友善"，它是中国优秀传统文化基因的凝结，承载着我们当代每个中国人的美好梦想。社会主义核心价值观体系包括三个层面，可以将其简单概括为：文明国家、法治社会和诚信个人，并且这三个层面是一个统一的整体，是中华民族精神的总概括。

（一）两者的一般关系

社会主义核心价值观需要法律来体现与弘扬，而法律的制定、完善与适用也需要社会主义核心价值观的引领与指导，因此，两者的关系体现着法律与道德文化之间的辩证关系。法律是成熟道德共识的系统表述，而共同道德是法律的根基与灵魂，因而我们常说，法律是道德的底线，是道德的最低要求。社会主义核心价值观是中华民族自我道德意识的科学系统化，也需要系统的法律制度来体现并践行它。从社会系统论角度讲，两者是社会总系统中的两个独立子系统，社会系统是由政治、经济、法律、文化等子系统构成的整体系统，各个小系统之间既是相互独立封闭的，又是相互开放交流的。法律是社会系统中基本的调整手段，但不是唯一的手段，它需要其他子系统的配合与支持。法律的内容就是社会共同道德观的体现，法律的适用也离不开共同道德的支持。社会主义核心价值观，是中华民族传统文化与时代精神的融合，是我们整个民族先进道德理念的高度概括。核心价值观本身就是一个完整的体系，应当全面指导着所有的法律，是我国法律体系的总灵魂，当然也为民法的制定和全面实施提供了总体方向。民法是市民社会和市场经济中的基本法，民法从基本宗旨、基本原则到具体民事制度都体现着社会主义核心价值观，民法的任务就是通过民法的立法与适用，把社会主义核心价值观灌输到所有公民、法人和非法人组织的行为，传输到社会各个方面，成为国家共同的精神根基，从而塑造良好公民群体，构建和谐的社会秩序，铸成文明昌盛的现代国家。

（二）从民法的基本宗旨与任务看两者的关系

如前所述，民法的任务主要有三方面：保护民事权利、维护社会与经济秩序、弘扬社会主义核心价值观。从条文表述上看，我国《民法典》明文规定了民法承担着弘扬社会主义核心价值观的使命，并将其作为民法的三大任务之一。这充分说明我们中国法治所承担的精神使命，民法不仅需要社会主义核心价值观的指导，还要弘扬社会主义核心价值观。而民法其他两项任务本身也是社会主义核心价值观的体现：一是权利即正义，民法保护民事权利当然也是弘扬正义价值理念，这就是所谓的基于权利的正义；二是民法维护社会与经济秩序的任务，表明民法通过调整民事法律关系，维护稳定和谐的社会和经济秩序，建构一个基于平等、自由、公正等核心价值理念之上的美好社会，这一民法任务本身就是弘扬社会整体的公平正义价值理念。

（三）民法的基本原则体现了社会主义核心价值观

民法的平等、自愿、诚信、公平、公序良俗、绿色发展等基本原则构成了一个基本价值系统，直接把平等、自由、公正等社会主义核心价值观作为民法的基本原则。由此看来，民法是我国所有法律中最为全面地明文规定了现代中国法治所需的社会主义核心价值观。民法基本原则，作为民法的总精神，不仅指导着各种民事规范的制定与完善，还全面地为民法实践提供总的指导。

凡是违反民法基本原则的民事立法都是需要修改或废除的，凡是违反民法基本原则的民事法律行为都是不能得到民法有效保护的，或者是可撤销的、根本无效的。社会主义核心价值观中的平等、自由、公正和法治这一层面的价值理念，集中地概括了社会主义法治的精髓。社会主义核心价值观中的自由，主要是指人民当家作主，体现为人民拥有法律上的基本权利。民法上的自愿原则本质上就是自由价值观的体现。民法明文规定了"自愿"这一基本原则，自愿的本质就是自由，就是通常所谓的私权自治，就是民事权利至上理念，是民法公平正义原则、诚信原则等民法基本原则的精神之源。自愿原则的基本内涵，就是民事主体按照自己的意愿参与民事活动，设立、变更或终止民事法律关系。自己的私事完全由自己作主，而不受他人的支配和强制，这也充分证明民法的基本属性是私权自治之法。私权自治的本质，就是对权利主体意志的普遍尊重。具体民事法律关系的双方或多方都要尊重对方的独立人格、民事权利，任何一方都不能把自己的意愿强加于对方，也不能运用欺诈等手段诱使或运用暴力迫使对方作出违背其真实意愿的意思表示，因而欺诈、胁迫等行为不仅违反了诚信原则，还违反了自愿原则。这种违反自愿的行为还往往导致民事法律关系内容的不公平，进而又违反了公平原则。民事法律行为有效要件之一就是意思表示要真实自愿，欺诈、胁迫等行为会造成对方当事人作出错误的意思表示，因而民法规定欺诈、胁迫等是为民事法律行为可撤销或者无效提供法律依据。因此，民法的自愿原则是自由价值理念在民法层面上的集中体现，它决定着民法的私法属性。

（四）从民法的具体制度看两者的关系

民法的物权制度，系统规定了所有权、担保物权和用益物权，还规定了占有保护制度。这些具体的物权制度就是确认与保障权利人的各种物权，体现着占有正义、所得正义与保障正义等公平正义价值理念。合同制度直接体现着平等、自由、诚信、公正等核心价值观。合同自由是合同法的基本理念，合同法就是市场经济的基本法，合同自由就是合作与竞争的一种常态。同时，我国《民法典》又增加了"准合同"制度，把原来的无因管理和不当得利之债归于《民法典》的合同编之准合同制度。这不仅丰富了合同制度的内容，也体现着国家对无因管理和不当得利社会现象的重视，因为这两种"准合同"本身就是社会共同正义的体现，无因管理要提倡，不当得利要返还，这本身就是基本的社会正义理念。虽然无因管理和不当得利这两种行为都是单方的事实行为，行为者在其行为作出前并没有与相对人协商一致，不具有典型合同的订立程序，然而法律却将其视为一种双方之间的准合同关系。这样，无因管理的相对人和不当得利者都负有合同意义上的履行给付的合同义务，国家只是通过法律形式把这种义务强加于义务人一方，目的是不能让见义勇为者吃亏，也不能让不当得利者得到不义之财。无因管理就是对见义勇为等好人好事的一种法律上的认可态度，而不当得利制度则是对违反占有正义的一种法律上的否定态度，因而这两种制度也直接体现着友善、诚信等社会主义核心价值观。人格权制度是对人格尊严权利的一种普遍确认与保护，体现着我国以人为本的核心理念。侵权责任制度，是对侵犯他人人身权利和财产权利所应当承担的民事责任的一种规定，体现着权利、义务与责任相统一的社会主义价值理念，是对人格尊严权利、财产权利的全面保障。《民法典》的继承制度与婚姻家庭制度，是家庭层面的社会主义核心价值观的法律化，例如，家庭成员之间的平等对待、相互关爱等规定。

　　总之，民法全方位体现着社会主义核心价值观。这是因为民法本身就是调整民事主体之间民事法律关系的基本法。从自然人、法人到其他组织，从个体、家庭到社会，无不受到民法的调整，而民法调整民事法律关系的最终目的就是维护和谐的社会秩序，弘扬社会主义核心价值观，实现中国特色社会主义物质文明与精神文明建设的有机统一。

第五章
民法相关理论及其应用

第一节　具体民事主体基本理论及法律实务

一、自然人

自然人是指因出生而具有民事主体资格的人，包括本国公民、外国公民、无国籍人。民事主体因民事法律关系的平等性，所有生命个体不分国籍、年龄、贫富等差异而一律平等，故以"自然人"概括所有人。

（一）自然人的民事权利能力

1. 自然人民事权利能力的概念

自然人的民事权利能力，是指自然人成为民事权利和民事义务主体的资格。

2. 自然人民事权利能力取得与终止的时间

按照法律规定，自然人因出生而自然获得民事权利能力，到死亡时终止，一律平等。所有自然人均有成为民事权利和民事义务主体的资格，而未出生或已死亡的人则无行使权利或承担义务的资格。

但是，涉及遗产继承、接受赠与等胎儿利益保护的，胎儿视为具有民事权利能力。需要说明的是，胎儿娩出时为死体的，其民事权利能力自始不存在。

（二）自然人的民事行为能力

自然人的民事行为能力，是指自然人能够以自己的行为独立地享有民事权利、独立地承担民事义务的资格。按自然人年龄、精神健康状况的不同，民事行为能力分为以下三种。

1. 完全民事行为能力

完全民事行为能力是指自然人能够独立实施民事行为，行使民事权利和承担民事义务的能力。具有完全民事行为能力的自然人有两类：

（1）18周岁以上的成年人。

（2）16周岁以上的未成年人，以自己的劳动收入为主要生活来源的，并且能维持当地群众一般生活水平的，视为完全民事行为能力人。

具有完全民事行为能力的自然人可以独立实施民事行为、独立享有民事权利、独立承担民事义务、独立承担民事责任，并具有独立诉讼行为能力。

2. 限制民事行为能力

限制民事行为能力是指因不能完全辨认自己的行为意义、性质以及后果，自然人仅享有独立实施法律所限定的民事法律行为的能力。限制民事行为能力的自然人有两类：

（1）8周岁以上的未成年人。

（2）不能完全辨认自己行为的成年人。不能完全辨认自己的行为，是指自然人对自己行为的意义、性质和后果具有一定识别和判断能力，但这种能力并没有达到完全正常的水平。

限制民事行为能力的自然人，可以独立实施纯获利益的民事法律行为或者与其年龄、智力、精神健康状况相适应的民事法律行为。其他的民事法律行为，须由其法定代理人代理或者经其法定代理人同意、追认，才具有法律效力。

3. 无民事行为能力

无民事行为能力是指因完全不能辨认自己的行为意义、性质以及后果，自然人不具有独立实施民事法律行为的能力。无民事行为能力的自然人有三类：

（1）不满8周岁的未成年人。

（2）不能辨认自己行为的成年人。

（3）不能辨认自己行为的8周岁以上的未成年人。

无民事行为能力人由其法定代理人代理实施民事法律行为。需要说明的是，按年龄划分的行为能力类别，无须申请、认定或宣告。但是，不能辨认或者不能完全辨认自己行为的成年人，须由其利害关系人或者有关组织，向人民法院申请认定该成年人为无民事行为能力人或者限制民事行为能力人。

（三）监护

1. 监护的概念

监护，是对无民事行为能力、限制民事行为能力的未成年人和成年人人身、财产及其合法权益进行监督和保护的一种民事法律制度。

按照监护对象的不同，监护分为两种：未成年人监护和成年人监护。涉及无民事行为能力人和限制民事行为能力人依法不能独立实施的民事法律行为时，由监护人进行监督和保护。

2. 监护人的设定

（1）监护人的基本条件。监护人应当是具有监护能力的人。监护能力包括三层含义：一是具有民事行为能力；二是具有保护能力；三是具有对被监护人进行管教的能力。监护能力的认定，应当根据监护人的身体健康状况、经济条件，以及与被监护人在生活上的联系状况等因素确定。

（2）监护人的设定方式。按照《民法典》的规定，监护人的设定方式有如下几种。

第一，法定监护，就是监护人由法律直接规定而设置的监护。其中，未成年人的监护人，按照《民法典》第27条的规定，父母是未成年子女的监护人。未成年人的父母已经死亡或者没有监护能力的，由下列有监护能力的人按顺序担任监护人：①祖父母、外祖父母；②兄、姐；③其他愿意担任监护人的个人或者组织，但是须经未成年人住所地的居民委员会、村民委员会或者民政部门同意。没有依法具有监护资格的人的，监护人由民政部门担任，也可以由具备履行监护职责条件的被监护人住所地的居民委员会、村民委员会担任。

对于无民事行为能力、限制民事行为能力的成年人，《民法典》第28条规定，其监护人由下列有监护能力的人按顺序担任监护人：①配偶；②父母、子女；③其他近亲属；④其他愿意担任监护人的个人或者组织，但是须经被监护人住所地的居民委员会、村民委员会或者民政部门同意。没有依法具有监护资格的人的，监护人由民政部门担任，也可以由具备履行监护职责条件的被监护人住所地的居民委员会、村民委员会担任。

第二，遗嘱监护，是指被监护人的父母担任监护人的，可以通过遗嘱指定监护人。

第三，协议监护，依法具有监护资格的人之间可以协议确定监护人。协议确定监护人应当尊重被监护人的真实意愿。

第四，指定监护，对监护人的确定有争议的，由被监护人住所地的居民委员会、村民委员会或者民政部门指定监护人，有关当事人对指定不服的，可以向人民法院申请指定监护人；有关当事人也可以直接向人民法院申请指定监护人。

第五，意定监护，具有完全民事行为能力的成年人，可以与其近亲属、其他愿意担任监护人的个人或者组织事先协商，以书面形式确定自己的监护人。协商确定的监护人在该成年人丧失或者部分丧失民事行为能力时，履行监护职责。

3. 监护人的职责

按照《民法典》第 34 条第 1 款的规定，监护人的职责是代理被监护人实施民事法律行为，保护被监护人的人身权利、财产权利以及其他合法权益等。该职责实为监护人对被监护人的人身和财产权益进行监督和保护的权利、义务和责任的集合。其具体内容如下。

（1）监护权。具体有保护被监护人的身体健康、照顾被监护人的生活、管理和保护被监护人的财产、代理被监护人进行民事活动、对被监护人进行管理和教育、代理被监护人进行诉讼。监护人依法履行监护职责产生的权利，受法律保护。

（2）监护人的法律责任。监护人不履行监护职责或者侵害被监护人合法权的，应当承担法律责任。监护人承担的法律责任，大多属于侵权责任。

4. 监护的撤销

当监护人不再具有法定的监护资格或者条件时，为了保护被监护人的利益，有必要按法定程序予以撤销。

（1）撤销监护的法定事由。《民法典》第 36 条第 1 款规定，监护人有如下三种情形之一的，人民法院根据有关个人或者组织的申请，撤销其监护人资格：①实施严重损害被监护人身心健康的行为的；②怠于履行监护职责，或者无法履行监护职责并且拒绝将监护职责部分或者全部委托给他人，导致被监护人处于危困状态的；③实施严重侵害被监护人合法权益的其他行为。

（2）撤销监护人的程序。按照《民法典》第 36 条第 2 款的规定，经其他依法具有监护资格的人，居民委员会、村民委员会、学校、医疗机构、妇女联合会、残疾人联合会、未成年人保护组织、依法设立的老年人组织、民政部门等相关个人或者组织的申请，人民法院可撤销监护人资格，安排必要的临时监护措施，并按照最有利于被监护人的原则依法指定监护人。

（3）监护资格的恢复。按照《民法典》第 38 条的规定，被监护人的父母或者子女被人民法院撤销监护人资格后，除对被监护人实施故意犯罪的外，确有悔改表现的，经其申请，人民法院可以在尊重被监护人真实意愿的前提下，视情况恢复其监护人资格，人民法院指定的监护人与被监护人的监护关系同时终止。

5. 监护关系的终止

《民法典》第 39 条规定，有下列情形之一的，监护关系终止：①被监护人取得或者恢复完全民事行为能力；②监护人丧失监护能力；③被监护人或者监护人死亡；人民法院认定监护关系终止的其他情形。监护关系终止后，被监护人仍然需要监护的，应当依法另行确定监护人。

（四）宣告失踪和宣告死亡

一般情况下，自然人以户籍登记或者其他有效身份登记记载的居所为住所，或者以经常居所视为住所，该住所就是民事主体进行民事活动的主要场所。倘若，自然人离开住所下落不明达到一定时间，将会影响民事法律关系，为此，法律设定了宣告失踪和宣告死亡两项制度。

1. 宣告失踪

（1）宣告失踪的概念。宣告失踪，是指经利害关系人申请，由人民法院依据法定条件和程序，对下落不明满法定期限的人宣告为失踪人的法律制度。

（2）宣告失踪的条件。按照《民法典》第 40 条的规定，宣告失踪的条件：一是自然人下落不明的事实满 2 年；二是必须由下落不明人的民事利害关系人向人民法院提出书面申请，该申请书应当写明失踪的事实、时间和请求，并附有该自然人下落不明的证明材料；三是必须由人民法院依法定程序宣告，即人民法院接到宣告失踪的申请后，对下落不明的自然人发出 3 个月公告，公告期满，根据被宣告失踪的事实是否得到确认，作出宣告失踪的判决或者驳回申请的判决。其中，自然人下落不明的时间从其失去音讯之日起计算。战争期间下落不明的，下落不明的时间自战争结束之日或者有关机关确定的下落不明之日起计算。

（3）宣告失踪的法律后果。自然人被宣告失踪后，其民事主体资格仍然存在，宣告失踪的法律后果主要是为失踪人设立财产代管人，由该代管人代为行使财产权利、履行财产义务。

（4）宣告失踪的撤销。失踪人重新出现，经本人或者利害关系人申请，人民法院应当撤销失踪宣告。

2. 宣告死亡

（1）宣告死亡的概念。宣告死亡是指自然人离开自己的住所，下落不明达到法定期限，经利害关系人申请，由人民法院依法定条件和程序宣告其死亡的法律制度。

（2）宣告死亡的条件。根据《民法典》第46条的规定，宣告死亡的条件包括：①自然人下落不明达到法定期间。一般自然人离开住所下落不明满4年，或者自意外事件发生之日起下落不明满2年，但是因意外事件下落不明，经有关机关证明该自然人不可能生存的，申请宣告死亡不受2年时间的限制。②必须由下落不明人的民事利害关系人向人民法院提出书面申请。该申请书应当写明失踪的事实、时间和请求，并附有该自然人下落不明的证明材料。对同一自然人，有的利害关系人申请宣告死亡，有的利害关系人申请宣告失踪，符合宣告死亡条件的，人民法院应当宣告死亡。③必须由人民法院依法定程序宣告。人民法院接到宣告失踪的申请后，发出寻找失踪人的公告，公告期为1年，意外事件的，公告期为3个月。公告期满，根据是否得到失踪人生存讯息的事实，作出宣告死亡的判决或者驳回申请的判决。被宣告死亡的人，人民法院宣告死亡的判决作出之日视为其死亡的日期；因意外事件下落不明宣告死亡的，意外事件发生之日视为其死亡的日期。

（3）宣告死亡的法律后果。宣告死亡，不同于生理死亡，但两者的法律效果却是相同的，主要包括被宣告死亡人与其配偶的婚姻关系消灭、无人抚养未成年子女可由他人依法收养、遗产继承开始等。需要注意的是，自然人被宣告死亡但是并未死亡的，不影响该自然人在被宣告死亡期间实施的民事法律行为的效力。

（五）个体工商户和农村承包经营户

户，是我国民事立法认可的由一个或几个自然人构成的特殊主体，包括个体工商户和农村承包经营户。

1. 个体工商户

（1）个体工商户的概念。按照《民法典》第54条的规定，自然人从事工商业经营，经依法登记，为个体工商户。

（2）个体工商户的特征。①个体工商户的经营主体是一个或几个甚至全部家庭成员个体，对外以"户"的名义享有相关的权利义务。②个体工商户从事的是工商业经营，而不是农业生产经营。③个体工商户须经依法登记，取得营业执照，依法经营。

（3）个体工商户的字号。个体工商户可以起字号。其字号，应当具有独特性、显著性，并受到特定区域和行业的限制，具有一定商誉的字号还具有经济价值。但个体工商户在民事诉讼中，应以营业执照登记的户主作为诉讼当事人。

（4）个体工商户的财产责任。《民法典》第56条第1款规定，个体工商户的债务，个人经营的，以个人财产承担；家庭经营的，以家庭财产承担；无法区分的，以家庭财产承担。

2. 农村承包经营户

（1）农村承包经营户的概念。《民法典》第 55 条规定，农村集体经济组织的成员，依法取得农村土地承包经营权，从事家庭承包经营的，为农村承包经营户。农村承包经营户，是农村集体经济组织的成员通过与该集体签订承包合同，取得经营权，开展家庭经营活动的主体。

（2）农村承包经营户的财产责任。《民法典》第 56 条第 2 款规定，农村承包经营户的债务，以从事农村土地承包经营的农户财产承担；事实上由农户部分成员经营的，以该部分成员的财产承担。

二、法人

（一）法人概述

1. 法人的概念

法人是相对于自然人而言的另一类民事主体。在大陆法系各国，1784 年的《普鲁士普通邦法》最早采纳了法人的概念，1900 年的《德国民法典》承认了法人是一类独立的民事主体，但未给出法人的定义。我国《民法典》第 57 条规定，法人是具有民事权利能力和民事行为能力，依法独立享有民事权利和承担民事义务的组织。

2. 法人的特征

（1）法人是依法成立的社会组织。不是任何社会组织都是法人，只有具备法定条件，且得到法律认可或依法批准的社会组织，才能取得法人资格。

（2）法人是独立民事主体。法人具有民事权利能力和民事行为能力，可以独立以该组织的名义开展民事活动，独立享有民事权利、承担民事义务和民事责任。

（3）法人具有独立的财产。法人具有独立于投资主体、内部成员的财产，是其开展民事活动的物质基础、独立承担民事责任的物质保障。《民法典》第 60 条规定，法人以其全部财产独立承担民事责任。因此，其财产责任是一种有限责任。

（4）法人具有健全的组织机构。法人通过内设机构和对外代表法人的机构及其成员开展各项民事活动，法人的团体意志就是通过这些权责分明、相互配合与制约的机构及其成员才得以实现，使法人组织得以存续和发展。

3. 我国现行法律对法人的分类

我国实行"民商合一"的立法体例，按照法人的成立目的，法人不仅包括营利法人，也包括非营利法人和特别法人。

（1）营利法人。按照《民法典》第76条的规定，以取得利润并分配给股东等出资人为目的成立的法人，为营利法人。营利法人包括有限责任公司、股份有限公司和其他企业法人等。

（2）非营利法人。按照《民法典》第87条的规定，为公益目的或者其他非营利目的成立，不向出资人、设立人或者会员分配所取得利润的法人，为非营利法人。非营利法人包括事业单位、社会团体、基金会、社会服务机构等。

（3）特别法人。按照《民法典》第96条的规定，机关法人、农村集体经济组织法人、城镇农村的合作经济组织法人、基层群众性自治组织法人，为特别法人。

（二）法人的成立

法人的成立是指符合法人条件的社会组织按照法定程序取得法人资格的行为，是法人获得民事权利能力和民事行为能力的法律事实。

1. 法人的成立条件

（1）依法成立。法人的成立应当依据具体的法律和行政法规，例如，公司的成立应当依据《公司法》以及《公司登记管理条例》，事业单位法人的成立应当依据《事业单位登记管理暂行条例》，社会团体法人的成立则依据《社会团体登记管理条例》，等等。

（2）有必要的财产或者经费。法律对不同种类的法人，在财产和经费上有不同的要求，其来源一般是设立人的出资或拨款，是属于法人所有，并能独立支配、维持其正常业务活动的财产。

（3）有自己的名称、组织机构和场所。①法人的名称。法人的名称须符合法律、行政法规的规定，其名称是区别于其他法人的标志、是法人独立人格的标志。②法人的组织机构。法人必须具有一定对内管理法人的事务、对外代表法人从事民事活动的组织机构。③法人的场所。为便于国家的监督管理、法人业务活动的开展和债务的履行，法人必须具有从事业务活动的地方，如法人营业地或办事机构所在地。

（4）法律规定的其他条件。设立法人还需要具备法律规定的其他条件，如《公司法》规定，设立公司必须依法制定公司章程、设立人应符合法定人数等;《社会团体登记管理条例》规定申请设立社会团体应当提交社会团体的章程草案。

2. 法人的设立程序

具备法人成立条件的组织，必须经法定程序才能取得法人资格。

（1）营利法人的设立程序。在我国，营利法人主要是企业法人，包括公司企业法人和非公司企业法人。其中，公司企业法人除法律、行政法规规定须报经批准的以外，一般向公司登记机关申请设立登记即可成立，按照《民法典》第78条的规定，依法设立的营利法人，由登记机关发给营利法人营业执照。营业执照签发日期为营利法人的成立日期。非公司企业法人，须经主管部门或有关审批机关批准，再向登记机关申请登记。

（2）非营利法人的设立程序。非营利法人的设立，一般按法律和行政命令的规定设立，自成立之日即具有法人资格。而有些事业单位法人如民办学校、协会、学会等则需要业务主管部门审查同意，再向登记机关申请登记方可成立。

（3）特别法人的设立程序。特别法人的设立程序，如机关法人的设立，取决于宪法和法律的特别规定。特别法人自成立之日起，具有法人资格。

3. 设立中的法人

设立中的法人，是指从设立法人开始到法人成立之前的组织。该组织主要从事法人的设立行为。《民法典》第75条第1款规定："设立人为设立法人从事的民事活动，其法律后果由法人承受；法人未成立的，其法律后果由设立人承受，设立人为2人以上的，享有连带债权，承担连带债务。"

（三）法人的民事能力

1. 法人的民事权利能力

（1）法人民事权利能力的概念。法人的民事权利能力，是指法人以自己的名义参与民事法律关系，享有民事权利、承担民事义务的资格。

（2）法人民事权利能力的特殊性。法人的民事权利能力不同于自然人，其特殊性表现在：①法人不享有自然人享有的与人身不可分离的权利。法人是社会组织，不享有生命权、健康权等人身权和基于自然人亲属关系的身份权，但可享有名称权、名誉权等人格权。②法人的民事权利能力依法受到法律、行政法规、章程的限制。自然人的民事权利能力一律平等，而法人只能在法律规定或依法登记、批准的范围内具有民事权利能力，且各种法人的民事权利能力各不相同。

（3）法人民事权利能力的产生。《民法典》第59条规定，法人的民事权利能力和民事行为能力，从法人成立时产生，到法人终止时消灭。这就在法律上确认了法人的民事权利能力和民事行为能力与法人资格同时产生、同时消灭的规则。

第一，营利法人的民事权利能力。按照《民法典》第78条的规定，营业执照签发日期为营利法人的成立日期。因此，营利法人的民事权利能力从营业执照签发之日起产生。

第二，非营利法人的民事权利能力。按照《民法典》第 88 条的规定，事业单位法人，经依法登记成立，取得事业单位法人资格；依法不需要办理法人登记的，从成立之日起，具有事业单位法人资格。

第三，特殊法人的民事权利能力。按照《民法典》第 97 条的规定，有独立经费的机关和承担行政职能的法定机构从成立之日起，具有机关法人资格，可以从事为履行职能所需要的民事活动。

（4）法人民事权利能力的终止。法人的民事权利能力，从法人终止时消灭。法人的民事主体资格因依法被撤销、解散、依法宣告破产或其他原因而终止。但是，依据《民法典》的相关规定，法人在依法进行清算的阶段，对清算范围内的活动依然具有权利能力。

2. 法人的民事行为能力

（1）法人民事行为能力的概念。法人的民事行为能力是指法人以自己的名义独立实施民事法律行为，享有民事权利、承担民事义务的能力。

（2）法人民事行为能力的特点。

第一，法人的民事行为能力与民事权利能力不但同时产生、同时终止，而且范围上也具有一致性。而自然人的民事权利能力虽然一律平等，但民事行为能力则因年龄、精神健康状况的不同而不同。

第二，法人的民事行为能力是通过法定代表人、组织机构及其工作人员来实现的。法人的法定代表人、组织机构及其工作人员是以法人的名义并执行法人意思实施民事法律行为，而自然人的民事行为能力一般情况下是通过自己来实现的。

3. 法人的民事责任能力

法人的民事责任能力，是指法人以自己的名义、自己的财产独立承担其民事法律行为所产生的法律后果的能力。《民法典》第 61 条第 2 款规定，法定代表人以法人名义从事的民事活动，其法律后果由法人承受。第 62 条第 1 款规定，法定代表人因执行职务造成他人损害的，由法人承担民事责任。

（四）法人机关及法人分支机构

1. 法人机关的概念

法人作为一种社会组织，其意志的形成、表达、实现必须通过一定的组织机构来实现，而法人机关就是承担此责任的组织。

法人机关是指根据法律、法人章程的规定，由自然人或集体组成，对内管理法人事务或者对外代表法人从事民事活动的机构。

2. 法人机关的种类

一般来说，法人机关是法人内部机构，包括权力机关、执行机关和监督机关。涉及具体不同类型的法人，法人机构的名称又各不相同。

（1）法人的权力机关。该机关在法人的内部机构中居于核心地位，对法人的重大事项、管理人员任免以及管理事项具有决定权。如，营利法人的股东大会或者股东会、一些事业单位法人的理事会、一些社会团体法人的会员大会或者会员代表大会。

（2）法人的执行机关。该机关是负责执行法人权力机关的决定、法人章程规定事项的机构，如营利法人的董事会。

（3）法人的监督机关。该机关依法律或章程行使检查、监督法人组织及其工作人员执行职务的行为，如营利法人的监事会。

3. 法定代表人

（1）法定代表人的概念。法人的主要负责人是法定代表人。《民法典》第 61 条第 1 款规定："依照法律或者法人章程的规定，代表法人从事民事活动的负责人，为法人的法定代表人。"

（2）法定代表人的产生。法定代表人是依照法律或者法人章程规定以法人的名义代表法人对外从事民事活动的自然人，如营利法人的法定代表人可由其董事长、执行董事或总经理担任，并依法登记。事业单位法人的法定代表人依照法律、行政法规或者法人章程的规定产生。社会团体法人的理事长或者会长等负责人按照法人章程的规定担任法定代表人。捐助法人的理事长等负责人按照法人章程的规定担任法定代表人。

（3）法定代表人的责任。法定代表人可以代表法人对外进行民事活动或代表法人进行诉讼，也可以授权法人的其他工作人员以及其他民事主体作为法人的代理人。法人章程或者法人权力机构可以对法定代表人代表权做出限制，但该限制不得对抗善意相对人。法定代表人以法人名义执行职务的民事活动，其法律后果均由法人承受。但是，法人承担民事责任后，依照法律或者法人章程的规定，可以向有过错的法定代表人追偿。

4. 法人的分支机构

法人可以根据业务需要设立分支机构，也是法人的组成部分。法律、行政法规规定分支机构应当登记的，依照其规定。《民法典》第 74 条第 2 款规定："分支机构以自己的名义从事民事活动，产生的民事责任由法人承担；也可以先以该分支机构管理的财产承担，不足以承担的，由法人承担。"

三、非法人组织

（一）非法人组织概述

1. 非法人组织的概念

《民法典》第 102 条规定："非法人组织是不具有法人资格，但是能够依法以自己的名义从事民事活动的组织。非法人组织包括个人独资企业、合伙企业、不具有法人资格的专业服务机构等。"

2. 非法人组织的特征。

（1）非法人组织是依法设立的社会组织。《民法典》第 103 条规定："非法人组织应当依照法律的规定登记。设立非法人组织，法律、行政法规规定须经有关机关批准的，依照其规定。"这就是非法人组织与自然人、民事合伙、设立中法人的区别。

（2）非法人组织具有相应的民事权利能力和民事行为能力。非法人组织是为实现一定目的而存在的，可以自己的名义从事民事活动。《民法典》第 105 条规定："非法人组织可以确定一人或者数人代表该组织从事民事活动。"

（3）非法人组织是不能独立承担民事责任的社会组织。尽管非法人组织有自己支配的财产，但不能独立承担民事责任。如《民法典》第 104 条规定："非法人组织的财产不足以清偿债务的，其出资人或者设立人承担无限责任。法律另有规定的，依照其规定。"法人的特征之一是独立承担责任，而非法人组织不能独立承担责任，其出资人或者设立人需要对该组织承担无限责任。

（二）非法人组织的设立

非法人组织的类型有很多，但设立非法人组织必须依法登记或批准。这有利于国家对各类非法人组织进行更有效的管理，同时也使他人了解其主体资格和交易能力，维护交易安全。

例如，《合伙企业法》第 9 条规定："申请设立合伙企业，应当向企业登记机关提交登记申请书、合伙协议书、合伙人身份证明等文件。合伙企业的经营范围中有属于法律、行政法规规定在登记前须经批准的项目的，该项经营业务应当依法经过批准，并在登记时提交批准文件。"

其他非法人组织的设立，如律师事务所、会计师事务所，在《律师法》《注册会计师法》中也有相应规定。

（三）非法人组织的财产责任

非法人组织的财产责任是指非法人组织对该组织的债务及代表人行为承担的法律后果。按《民法典》规定，非法人组织的偿债规则如下。

1. 先以非法人组织的财产清偿债务

非法人组织是民事主体，在享有权利的同时，也应承担其法律义务。因此，对非法人组织存续期间所实施的民事行为，也应承担民事责任。

2. 当非法人组织的财产不足以清偿时，由其出资人或者设立人以其个人财产予以清偿

非法人组织不同于法人的地方，就在于其出资人或设立人对该组织所承担的无限责任，即以个人全部财产对非法人组织的债务承担清偿责任。多个出资人或设立人之间，对非法人组织的债务承担连带清偿责任，即债权人可以要求全部或部分出资人或设立人承担全部清偿责任。部分出资人或设立人在对外承担了非法人组织的财产责任后，可以向其他出资人或设立人追偿。

3. 例外规定

《民法典》在上述规则以外，又规定"法律另有规定的，依照其规定"。其他法律的规定，例如，《合伙企业法》第 2 条第 3 款规定，"有限合伙企业由普通合伙人和有限合伙人组成，普通合伙人对合伙企业债务承担无限连带责任，有限合伙人以其认缴的出资额为限对合伙企业债务承担责任"。还有，《个人独资企业法》第 28 条规定，"个人独资企业解散后，原投资人对个人独资企业存续期间的债务仍应承担偿还责任，但债权人在 5 年内未向债务人提出偿债请求的，该责任消灭"。其中的有限合伙人责任、个人独资企业解散 5 年后原投资人免责的规定就是例外情形。

（四）非法人组织的解散

非法人组织的解散，是指非法人组织因章程或法律规定的事由，或者因出资人、设立人的决议而停止所登记的活动并进行清算的情况。

《民法典》第 106 条规定："有下列情形之一的，非法人组织解散：（一）章程规定的存续期间届满或者章程规定的其他解散事由出现；（二）出资人或者设立人决定解散；（三）法律规定的其他情形。"第 107 条规定："非法人组织解散的，应当依法进行清算。"

第二节 民事法律行为成立、效力及其应用

一、民事法律行为概述

（一）民事法律行为的概念

民事法律行为是引起民事法律关系变动的法律事实之一。民事法律行为是指以意思表示为要素，可依其意思表示的内容而引起民事法律关系设立、变更和终止的行为。2021 年 1 月 1 日起施行的《民法典》第 133 条规定："民事法律行为是民事主体通过意思表示设立、变更、终止民事法律关系的行为。"

《民法典》的这一规定，与 1987 年 1 月 1 日起施行的、并于 2009 年修正的《民法通则》有很大不同。《民法通则》第 54 条规定："民事法律行为是公民或者法人设立、变更、终止民事权利和民事义务的合法行为。"《民法通则》主张民事法律行为在本质上应该满足合法性的要求，为此，创设了"民事行为"这一概念，作为"民事法律行为"的上位概念。

（二）民事法律行为的特征

1. 民事法律行为是民事法律事实的一种

民法上根据法律事实与人的意志是否有关，将其分为事件和行为两大类。事件是与人的意志无关的法律事实，如人的死亡、地震等。行为是与人的意志有关的法律事实。

行为是法律要件中最常使用的法律事实。行为与人的意志有关，根据意志是否需要明确对外作意思表示，行为又被划分为表意行为和非表意行为。民事法律行为即是表意行为。

表意行为是行为人通过意思表示，旨在设立、变更或消灭民事法律关系的行为。民事法律行为因行为人有预期的效果意思，所以，能产生当事人意欲达到的民事法律关系产生、变更和消灭的效果。非表意行为是行为人主观上没有产生民事法律关系效果的意思表示，客观上引起法律效果发生的行为。如侵权行为，行为人主观上并没有效果意思，但客观上却导致赔偿责任的发生。

2. 民事法律行为是以发生民事法律后果为目的的行为

民事法律行为是民事主体实施的行为，非民事主体实施的行为，虽能产生一定的民

事法律后果，但不是民事法律行为。比如，人民法院的民事判决，在当事人之间引发了某种民事法律后果，但人民法院的司法裁判行为不是民事法律行为。

行为作为人的一种有意识的活动，具有目的性，能引起某种后果的出现。民事法律行为以当事人设立、变更或终止民事法律关系为目的，能引起行为人所预期的民事法律后果，这一特点使得民事法律行为区别于其他法律事实，如侵权行为。侵权行为虽然也产生一定的法律后果，但这个法律后果并非当事人自己主张，而是由法律直接规定的。

3. 民事法律行为以行为人的意思表示作为构成要素

是指行为人将其期望发生法律效果的内心意愿以一定方式表达于外部。民事法律行为是当事人实施的，以发生一定的民事法律后果为目的的行为，而当事人实施行为的目的，只是内在的一种意愿或意思，只有将这种意思表示出来，才能为他人所了解。

没有意思表示，也就不会有民事法律行为。意思表示是当事人设立、变更、终止民事权利和民事义务关系的内在意思的外部表现。因此，民事法律行为是以意思表示为要素的。

意思表示是民事法律行为的核心要素和本质特征。史尚宽先生曾经反复说过，"法律行为系以意思表示为要素之法律要件，无意思表示不得成立法律行为也"意思表示以外的事实虽亦得为法律行为之要件，然不得有不以意思表示为要素之法律行为。以意思表示为要素，是民事法律行为区别于其他法律事件的一个重要特征。无论是事件中的自然事件、社会事件，还是行为中的行政行为、司法行为、事实行为都不具有意思表示。

二、民事法律行为的成立

（一）民事法律行为的一般成立要件

民事法律行为的成立，是指某种行为因符合民事法律行为的构成要素而视为一种客观存在。民事法律行为的成立要件可以分为一般成立要件和特别成立要件。

民事法律行为的一般成立要件，是指一切民事法律行为成立所必不可少的共同要件。关于民事法律行为的成立要件，学说上存在分歧。有的认为有行为人、意思表示和法律行为内容三项；有的则认为它应包括意思表示和法律行为内容两项；还有的认为它仅指意思表示一项。一般认为，民事法律行为的一般成立要件有三个，即行为主体、意思表示、行为标的（法律行为的内容）。①行为主体（即当事人）。有的民事法律行为的当事人只有一人，如立遗嘱人；有的民事法律行为的当事人须有两个或两个以上，如合同当事人。②意思表示。有的民事法律行为只需一个意思表示，如抛弃动产的行为；有的民事法律行为须有两个或两个以上的意思表示，如租赁合同。③行为标的。行为标的是指行为的内容，即行为人通过其行为所要达到的效果。

（二）民事法律行为的特别成立要件

民事法律行为的特别成立要件，是指成立某一具体的民事法律行为，除须具备一般成立要件外，还须具备的其他特殊事实要素。如，对于诺成性行为以合意为特别成立要件，实践性行为以标的物的交付为特别成立要件，要式行为以履行特定形式为特别成立要件。

三、民事法律行为的生效要件

（一）民事法律行为的一般生效要件

1. 行为人具有相应的民事行为能力

行为人实施民事法律行为，都产生相应的法律后果，形成一定的权利义务关系，因此民事法律行为的行为人必须具有相应的民事行为能力，能认识和判断其行为的性质和后果。就自然人而言，完全民事行为能力人可以以自己的行为取得民事权利，履行民事义务；限制民事行为能力人只能从事与其年龄和智力发育程度相当的民事法律行为，其他行为由其法定代理人代理，或者经其法定代理人的同意；无民事行为能力人不能独立实施民事法律行为，必须由其法定代理人代理。

法人的民事行为能力是由法人核准登记的经营范围所决定的。但从维护相对人的利益和市场稳定的角度出发，法人超越经营范围从事的民事活动，原则上不认定其无效。《民法典》第 505 条规定："当事人超越经营范围订立的合同的效力，应当依照本法第一编第六章第三节和本编的有关规定确定，不得仅以超越经营范围确认合同无效。"

需要注意的是：①如果无民事行为能力人、限制民事行为能力人实施接受奖励、赠与、报酬等纯获益的民事行为时，他人不得以行为人无民事行为能力、限制民事行为能力为由，主张以上行为无效。②这个构成要件只强调行为人具有"相应的"民事行为能力，而非"完全的"民事行为能力。

2. 意思表示真实

意思表示真实，是指行为人表现于外部的意思与其内在意志相一致或相符合，主要包括两个方面的含义：一是指行为人的内心意思与外部的表示行为相一致；二是指行为人是在意志自由的前提下，进行的意思表示。如果行为人的意思表示是在外力影响或强制下进行的，比如，欺诈、胁迫的情况下进行的意思表示，则该意思表示不符合真实性的要求，不能产生当事人预期的法律效力。

3. 不违反法律、行政法规的强制性规定，不违背公序良俗

不违反法律、行政法规的强制性规定，是指民事法律行为不得与法律的强制性或禁止性规范相抵触，也不得滥用法律的授权性或任意性规定以规避法律，比如，民事法律行为的标的必须合法，通常在买卖、租赁、赠与、互易、使用借贷等转移物的所有或占有的行为中，标的物不得为禁止流通物或限制流通物。

不违背公序良俗，是指民事法律行为不得违反国家利益和社会公共利益，以及社会的善良风俗。

（二）民事法律行为的特别生效要件

民事法律行为的特别生效要件，是指特定的法律行为所特有的生效要件。在大多数情况下，民事法律行为只要具备有效要件，就能引起民事权利义务的发生、变更、终止，但在某些特殊情况下，民事法律行为虽已成立并具备一般有效要件，但仍不能生效，必须待某种特定条件具备时才能生效，这类特定条件，就是民事法律行为的特别生效要件，如要式法律行为以法律或当事人约定的形式为要件；附期限和附条件的法律行为须期限届满或条件成就才可生效。

民事法律行为的特别生效要件根据其产生的原因不同，可以分为约定生效要件和法定生效要件。绝大部分民事法律行为的特别生效要件都是当事人约定的，只有遗嘱的特别生效要件 —— 遗嘱人死亡，才是法定的。

四、代理

（一）代理概述

1. 代理的概念

代理是指代理人依据代理权，以被代理的名义与第三人实施民事法律行为，行为的法律后果由被代理人承担的法律制度。

代理关系涉及三方当事人：依据代理权，代替他人实施民事法律行为的人称为代理人；与代理人实施民事法律行为的人，称为相对人即第三人；直接承受代理行为法律后果

的人称为被代理人，即本人。

因此，代理关系涉及三方面的法律关系，代理人与被代理人基于委托授权或者法律的直接规定而形成的代理权关系；代理人依据代理权与第三人之间的代理行为关系；代理人与第三人之间存在的代理行为的法律后果承受关系，即因代理行为而形成的具体的民事法律关系。

2. 代理的法律特征

（1）代理人必须以被代理人的名义进行民事活动。代理人只有以被代理人的名义进行活动，才能为被代理人取得权利、设定义务。依据《民法典》第 162 条的规定，代理人在代理权限内，以被代理人名义实施的民事法律行为，对被代理人发生效力。代理人以被代理人的名义进行民事活动，表明其行为的后果不是由自己承担，而是由被代理人承担的，这是代理行为区别于行纪行为的重要特征。如，某甲将自己的名表委托给某信托（行纪）公司出售，该公司虽然是代某甲出售名表，但它是以自己的名义而非以某甲的名义出卖的，因此该关系不属于代理，而属于行纪行为。如果代理人以自己的名义进行民事活动，那么这种活动就不是代理，其所设立的权利与义务也只能由代理人自己承受，除非法律另有规定。

（2）代理人必须在代理权限内实施代理行为。代理人实施代理行为，必须有代理权。依据《民法典》第 162 条的规定，代理人必须在代理权限内实施民事法律行为。委托代理人按照被代理人的委托行使代理权，法定代理人依照法律的规定行使代理权。没有代理权所实施的"代理"，不能发生代理的法律后果。因此，代理人进行代理活动时，应提供自己有代理权的证明。

（3）代理行为必须是具有法律意义的行为。代理行为是一种民事法律行为，必须是具有民事法律意义的行为，能够产生民事法律后果，如，代购车票等。代他人实施的不具有法律意义即不能发生民事权利义务关系的活动，不属于代理。如，代人抄写文书、整理资料，就不属于法律上的代理。

（4）代理行为的法律后果直接由被代理人承受。由于代理制度的目的是帮助被代理人处理事务，且代理人在代理活动中是以被代理人的名义进行的，故代理人的行为就被视为被代理人的行为，并产生与被代理人自己行为相同的法律后果，因此，代理行为的法律后果由被代理人承担。这是代理制度最重要的特征，反映了代理制度的目的。

3. 代理的适用

代理制度的设立，是为了方便民事主体实施法律行为。严格地讲，民事代理只能适用于民事主体间有关民事权利义务设立、变更、消灭的民事法律行为。民法从促进正常的民事流转和维护社会经济秩序出发，将代理制度及其规则不仅适用于民事法律行为，也扩展适用于其他相关的行为。

（1）代理的适用范围

第一，代理各种民事法律行为。《民法典》第161条第1款规定："民事主体可以通过代理人实施民事法律行为。"代理广泛适用于各类民事法律行为，民事法律行为除法律另有规定外，一般均可代理，如代签合同。

第二，代理申请、申报行为。如，代理专利申请、商标注册、缴纳税款、代理法人登记等。

第三，代理诉讼行为。在民事诉讼、刑事诉讼、行政诉讼中的原告、被告、第三人等，均可聘请律师或法律许可的人员作为代理人参与诉讼。

（2）不能适用代理的行为

民事主体可以通过代理人实施民事法律行为，但并非一切民事法律行为都可适用代理。《民法典》第161条第2款规定："依照法律规定、当事人约定或者民事法律行为的性质，应当由本人亲自实施的民事法律行为，不得代理。"

第一，具有严格人身性质的行为，必须由本人亲自作出决定和进行表达的行为，不得代理。如立遗嘱的行为、婚姻登记行为等。

第二，具有严格人身性质的债务，是指经约定必须由行为人亲自履行的债务，如预约演出行为、绘画行为、写作行为等，被预约一方的履行行为不得代理。

第三，被代理人无权进行的行为不得代理。代理行为必须是被代理人有权进行的，这是代理行为的前提。被代理人无权进行的行为、内容违法的民事行为和侵权行为都不能代理。

4. 代理的分类

（1）委托代理与法定代理。按照代理权产生的根据不同，代理可以分为委托代理与法定代理。

委托代理，是指按照被代理人的委托而产生的代理。代理人的代理权来自于被代理人的授权，所以又称为授权代理。授权行为是一种单方民事法律行为，仅凭被代理人一方授权的意思表示，代理人就取得代理权，因此，委托代理也称意定代理。委托代理是最主要、最常见的代理。

法定代理，是指根据法律的直接规定而取得代理权的代理。法定代理主要是为无民事行为能力人和限制民事行为能力人设立代理人的方式。法定代理的代理权来自法律规定，与被代理人的意志无关。《民法典》第 23 条规定："无民事行为能力人、限制民事行为能力人的监护人是其法定代理人。"法定代理产生的根据是代理人与被代理人之间存在的监护关系。

（2）一般代理与特别代理。根据代理人代理权限的范围不同，代理可分为一般代理和特别代理。

一般代理，又称为总括代理、全权代理，是指代理人的代理权范围及于代理事项的全部。

特别代理，是指代理人的代理权被限定在一定范围或一定事项的某些方面的代理。

在实践中，如未指明为特别代理的，则为一般代理。法律规定某些事项须有特别授权的，只有在特别授权的情形下，代理人才有代理权。

（3）单独代理与共同代理。根据代理权是属于一人还是数人为标准，代理可分为单独代理与共同代理。

单独代理，是指代理权仅授予一人，代理人只有一人的代理。

共同代理，指代理权授予二人以上，代理人为二人或二人以上的代理。

《民法典》第 166 条规定："数人为同一代理事项的代理人的，应当共同行使代理权，但是当事人另有约定的除外。"共同代理的数个代理人在代理权的行使上应共同为之。共同代理中的部分代理人未与其他代理人商量而实施代理行为的，其实施的行为损害被代理人权益的，由实施行为的代理人承担民事责任，而其他未实施代理行为的代理人不承担民事责任。当事人对代理权的行使以及民事责任的承担另有约定的，依其约定。

（4）本代理与再代理。根据代理权是由被代理人授予，还是由代理人转委托为标准，可将代理分为本代理与复代理。

本代理，是指代理权直接由被代理人授权或者依照法律直接规定而产生的代理。

再代理，又称复代理、转代理，是指代理人为被代理人的利益，将其所享有的代理权转托他人行使而产生的代理。因代理人的转托而享有代理权的人，称为再代理人（复代理人），代理人选择他人作为再代理人的权利称为复任权。

（二）代理权

1. 代理权的概念

代理权，是指代理人以被代理人的名义进行民事活动，并由被代理人承担其法律后果的一种法律资格。

代理权从本质上说是一种资格或法律地位，代理人取得代理权意味着他得以被代理人的名义与第三人进行民事活动，其行为后果直接归属于被代理人。这种资格或法律地位，既可基于委托人的委托授权（在委托代理中），也可以是法律规定的结果（在法定代理中）。

2. 代理权的取得

（1）基于被代理人的授权而取得。委托代理人取得代理权的根据是被代理人授权的单方民事法律行为，被代理人的授权是委托代理发生的根据。实践中，授权行为常与某种基础法律关系相结合，如，委托合同关系、合伙合同关系、承揽合同关系、劳动合同关系及企业内部组织关系等。

（2）基于法律的直接规定而取得。法定代理人取得代理权的根据是法律的直接规定。如，未成年人的父母因具有监护人身份而成为未成年人的代理人，其监护人身份是依法律规定产生法定代理权的法律事实。

3. 代理权的行使

代理权的行使，是指代理人在代理权限内实施代理行为。代理人行使代理权，既是其权利，也是其义务。代理权的行使以代理人有代理权为前提，若没有代理权，当然谈不上代理权的行使。代理权的行使，以为被代理人取得利益为目的。

（1）代理权行使的原则。

第一，代理人应在代理权限范围内行使代理权，不得无权代理。代理行为的行使，是以代理权为基础的，代理权限的范围基于被代理人的意志和利益所确定，因而代理人只有在代理权限范围内进行的民事活动，才能视为是被代理人的行为，其法律效果才直接归属于被代理人。

第二，代理人应亲自行使代理权，不得任意转托他人。在委托代理中，被代理人之所以委托特定的代理人为自己服务，是基于对该代理人知识、技能、信用的信赖。因此，代理人必须亲自实施代理行为，才合乎被代理人的愿望。除非经被代理人同意或有不得已的事由发生，不得将代理事务转委托他人处理；在法定代理中，代理人与被代理人之间多为亲属关系或者监护关系，只有代理人亲自行使代理权，才有利于代理事务的完成。

第三，代理人应尽到职责所要求的谨慎和勤勉义务。代理人行使代理权，是履行其作为代理人的职责，在行使代理权时，应尽到职责所要求的谨慎和勤勉义务。首先，为实现和保护被代理人的利益，应尽到相当的注意义务。如，在无偿代理中，代理人应尽到与处理自己事务同样的注意义务；在有偿代理中，代理人应尽善良管理人的注意义务。其次，在委托代理中，代理人应根据被代理人的指示进行代理活动，遵守被代理人指示，不得擅自改变被代理人的指示。最后，代理人应尽报告和保密义务。代理人应及时向被代理人报告代理的情况，并将在代理中得到的利益及时转交被代理人。

（2）代理权行使的限制。代理人取得代理权后，为了维护被代理人的合法权益，法律限制代理人滥用代理权。滥用代理权，是指代理人行使代理权违背了代理权的设定宗旨和代理行为的基本准则，损害被代理人利益的代理行为。滥用代理权的构成条件为：①代理人有代理权；②代理人实施的代理行为时，违背了代理权的设定宗旨和代理行为的基本准则；③代理人的代理行为有损被代理人的利益。

滥用代理权的行为主要有以下三种情形。

第一，自己代理，是指代理人以被代理人的名义与自己实施法律行为。代理关系一般有三方当事人，在这种情况下，代理人同时为代理关系中的代理人和第三人。如，某乙作为某甲的代理人，以某甲的名义将甲的房屋出卖给自己。在自己代理中，不存在第三人，也没有代理人与第三人意思表示的一致，而只有代理人自己的意思表示，并且自己代理的行为有可能损害被代理人的利益。所以，除使被代理人纯获利益外，自己代理为滥用代理权的行为，法律一般禁止"自己代理"。

第二，双方代理，又称同时代理，是指代理人同时为双方的代理人，代理双方为同一民事法律行为。在双方代理行为中，代理人同时代表双方利益，容易顾此失彼，难以做到利益平衡，有可能损害某一方的利益。因此，双方代理也是滥用代理权的行为。但符合商业惯例或经双方许可的双方代理，可以是有效的。

第三，代理人与第三人恶意串通，损害被代理人利益的行为。所谓恶意串通是指代理人与第三人共谋侵害被代理人合法权益，这是滥用代理权的极端表现，是无效的代理行为。

（三）无权代理

1. 无权代理的概念

无权代理，顾名思义，是指没有代理权的代理。代理人为被代理人进行代理活动时，拥有代理权是代理行为有效成立的首要条件，无权代理虽然具备代理成立的表面特征，但欠缺代理权这一根本要件。因此，代理人没有代理权却以"被代理人"的名义进行民事活动，在民法上就称之为无权代理。

2. 无权代理的特征

（1）无权代理人所实施的民事活动，符合代理行为的表面特征及要件。即以被代理人的名义实施民事法律行为，并将行为的后果归属于被代理人。

（2）行为人实施的"代理"行为不具有代理权。无权代理的情形，包括没有代理权、超越代理权、代理权终止后而为的代理。

（3）无权代理属于效力待定的民事法律行为。《民法典》第 171 条第 1 款规定："行为人没有代理权、超越代理权或者代理权终止后，仍然实施代理行为，未经被代理人追认的，对被代理人不发生效力。"如果经被代理人追认，无权代理变成有权代理，能产生代理的法律后果。

3. 无权代理的类型

（1）未经授权的代理，即当事人实施代理行为，根本未获得被代理人的授权；

（2）超越代理权的代理，即代理人虽然获得了被代理人的授权，但他实施的代理行为，不在被代理人的授权范围之内。就其超越代理权限所实施的代理行为，成立无权代理；

（3）代理权终止后的代理，即代理人虽然获得了被代理人的授权，但在代理权存在的期限届满后，代理人继续实施了代理行为，就其超过代理权存续期限所实施的代理行为，成立无权代理。

4. 无权代理的效力

根据《民法典》第 171 条的规定，无权代理属于效力待定的民事法律行为。无权代理效力的不确定，主要表现为：首先，被代理人可以追认；其次，在被代理人追认前，相对人可以催告被代理人予以追认，善意相对人也可以撤回其意思表示；如果得不到被代理人的追认，第三人也不撤回其意思表示，行为人则应承担相应的责任。

（1）无权代理为被代理人追认的，无权代理行为转变为有效的代理行为，被代理人与第三人之间产生相应的民事法律关系。

第一，被代理人的追认。追认，是指被代理人对无权代理行为事后承认的单方法律行为。被代理人所享有的追认权属于形成权，即只需被代理人的单方意思表示，便可使原法律关系发生变化，从而引起某种民事权利义务的产生、变更或者消灭。追认的行为是单方法律行为，追认的表示具有溯及力，通过追认权的行使，无权代理行为自始有效。追认应当在相对人撤销通知作出前行使。

第二，相对人的催告权。根据《民法典》第 171 条第 2 款规定，相对人可以催告被代理人自收到通知之日起 30 日内予以追认。相对人行使催告权，应当向被代理人表示，在追认期内被代理人未作表示的，视为拒绝追认。

（2）无权代理不为被代理人追认的，区分相对人善意与否（知情与否），分别作不同的处理：

善意的相对人有选择权，可以选择要求代理人履行债务或者请求其赔偿；恶意的相对人，与无权代理人按照各自过错承担责任。

善意相对人的撤销权，即不知道或不应当知道代理人无权代理的相对人享有撤销权。恶意相对人没有撤销权。

《民法典》第 171 条第 2 款规定："……行为人实施的行为被追认前，善意相对人有撤销的权利。撤销应当以通知的方式作出。"善意相对人可以通过行使撤销权来确定无权代理行为无效。善意相对人行使撤销权的意思表示应当在被代理人作出追认的意思表示之前作出，经撤销的无权代理行为不得再作追认。

5. 无权代理人的责任。

（1）无权代理人对相对人的责任。《民法典》第 171 条第 3 款规定："行为人实施的行为未被追认的，善意相对人有权请求行为人履行债务或者就其受到的损害请求行为人赔偿。但是，赔偿的范围不得超过被代理人追认时相对人所能获得的利益。"因此，无权代理行为如果得不到被代理人的追认，又不能证明其代理权的存在，无权代理人应依相对人的选择，或履行债务，或承担损害赔偿责任。

（2）无权代理人对被代理人的责任。无权代理行为如果给被代理人造成了损害，无权代理人应该对被代理人承担损害赔偿责任。此时，无权代理人对被代理人的责任是侵权责任。《民法典》第 171 条第 4 款规定："相对人知道或者应当知道行为人无权代理的，相对人和行为人按照各自的过错承担责任。"因此，如果第三人明知代理人没有代理权，仍然与之实施民事法律行为，从而给被代理人造成损害的，代理人与第三人应对被代理人承担连带责任。

6. 表见代理

（1）表见代理的概念。表见代理是指行为人没有代理权，但使相对人相信或有理由相信其有代理权，法律规定被代理人应当承担民事责任的无权代理。表见代理是无权代理的一种表现形式，但其法律后果却仍然由被代理人承担。表见代理的立法的目的主要是为了保护善意第三人的利益，维护交易安全。

（2）表见代理的构成要件。表见代理制度的确立，一方面是为了维护交易安全；另一方面也要保护被代理人的合法权益，因此，表见代理应符合以下构成要件：

第一，行为人没有代理权而以本人（被代理人）的名义进行民事活动。

第二，客观上存在使相对人相信行为人有代理权的事实。所谓表见代理，意思就是指表现为有权代理。因此，从本人与行为人的关系上看存在使相对人相信行为人有代理权，是表见代理构成的根本条件。如，甲持有盖有乙公司公章的空白介绍信和空白合同书，足以使相对人丙公司相信甲有代理权。

第三，行为人与相对人之间的民事法律行为具备成立的有效要件。法律规定表见代理制度是为确定这种无权代理的后果应由本人承担，因而只有在行为人与相对人之间的行为具备有效条件时，才发生表见代理。如果行为人与相对人之间的民事法律行为不具备有效条件，则不会发生应由本人承担行为后果的问题。

第四，相对人主观上为善意且无过错，即相对人不知道代理人的代理行为欠缺代理权。若相对人出于恶意，即知道或者应当知道行为人并无代理权，则其与行为人所为的行为不构成表见代理。

（3）表见代理的效力。表见代理成立后，即在相对人与被代理人之间产生法律关系。被代理人受到无权代理人与相对人之间实施的民事法律行为的约束，承担由此产生的权利义务，不得以无权代理人的行为属于无权代理或者以本人无过失为由，对抗善意第三人。因此，表见代理产生有权代理的效力，即表见代理的法律后果由被代理人承受，其内容是对善意且无过失的第三人履行代理行为所生的义务和享有代理行为所生的权利。表见代理成立后，被代理人因承受表见代理的后果而遭受损失，有权向表见代理人主张损害赔偿。

（四）代理关系的终止

代理的终止，是指代理人与被代理人之间的代理关系的终止，代理人的代理权全部消灭。代理人的代理权消灭后，代理人就不再有以被代理人的名义进行民事活动的资格。

1. 委托代理关系的终止

根据《民法典》第 173 条的规定，委托代理终止的原因有以下内容。

（1）代理期间届满或者代理事务完成。代理期限届满或代理事务完成的时间，以代理证书的记载为准。无代理证书或者记载不明的，被代理人有权随时以单方面的意思表示加以确定。

（2）被代理人取消委托或者代理人辞去委托。被代理人取消委托或者代理人辞去委托，都是单方民事法律行为，一方当事人一旦作出这种意思表示并通知对方当事人，就可以使代理关系终止。

（3）代理人丧失民事行为能力。代理人丧失民事行为能力，也就丧失了代理他人实施民事法律行为的能力，代理关系自然应随之消灭。

（4）代理人死亡。代理关系是一种民事法律关系，代理人死亡，使代理关系失去了一方主体，代理关系随之消灭。

（5）被代理人死亡。被代理人死亡，代理关系中失去了被代理的对象，代理权原则上消灭。

根据《民法典》第174条的规定，被代理人死亡后，有下列情形之一的，委托代理人实施的代理行为有效：①代理人不知道且不应当知道被代理人死亡；②被代理人的继承人予以承认；③授权中明确代理权在代理事务完成时终止；④被代理人死亡前已经实施，为了被代理人的继承人的利益继续代理。作为被代理人的法人、非法人组织终止的，参照适用前款规定。

（6）作为代理人或者被代理人的法人、非法人组织终止。代理权存在的基础是代理人和被代理人双方主体的存在，法人、非法人组织一经撤销或者解散，便丧失了民事主体的资格。因此，法人、非法人组织一旦消灭，不论是对于代理人还是对于被代理人，在其终止时代理关系终止。

2. 法定代理关系的消灭

根据《民法典》第175条的规定，法定代理终止的原因有以下内容。

（1）被代理人取得或者恢复完全民事行为能力。在被代理人取得或者恢复完全民事行为能力的情况下，法定代理关系自动消灭。如，被代理人年满18岁，或者精神病人恢复精神健康，也就没有存在法定代理的必要，因而代理关系终止。

（2）代理人丧失民事行为能力。代理人不论因何原因丧失民事行为能力，
均不具有从事民事法律行为的能力，不能实施代理人行为，代理资格当然终止。

（3）代理人或者被代理人死亡。被代理人死亡或者代理人死亡，作为代理关系的主体一方不存在，代理关系当然终止。但代理人不知道被代理人死亡的，其所实施的代理行为应当有效。

（4）法律规定的其他情形。如，被代理人和代理人之间的监护关系消灭，这是法定代理终止的特别原因，因法定代理是因监护关系的存在而发生的，监护关系消灭，法定代理也就终止。

第六章
物权理论及实务运用

第一节　物权的基本理论

一、物权概述

（一）物权的概念

1986 年我国在制定《民法通则》时并没有规定物权，直至 2007 年 3 月 16 日我国《物权》正式出台，物权成为我国民法中的一个十分重要的概念，它与债权共同构成了我国财产权体系的两大基石。2020 年 5 月 28 日第十三届全国人民代表大会第三次会议通过了《民法典》，将物权独立成编，规定为第二编，并在第 205 条规定："本编调整因物的归属和利用产生的民事关系。"据此可以认为物权律关系是因物的归属和利用在民事主体之间产生的权利义务关系；而物权则是法律将特定物归属于某权利主体，由其直接支配，享受其利益，并排除他人对此支配领域的侵害或干预的权利。《民法典》第 114 条第 2 款采用概括加类型列举的方式对物权作出了一个立法定义："物权是权利人依法对特定的物享有直接支配和排他的权利，包括所有权、用益物权和担保物权。"这一定义体现了物权具有如下几方面特征。

第一，物权是绝对权。这是指物权的义务主体是权利人之外的不特定的一切人，因此物权也称对世权。物权的义务人所负的义务是消极义务，即只要不妨碍物权人行使权利即可。

第二，物权是支配权。这是指物权的权利人直接地支配权利客体物，不必依赖他人的帮助就能直接行使其权利，从而实现自己的利益。

第三，物权是排他权。由于物权为支配权，对同一标的物一般不能同时存在两个相同的支配力，所以物权具有排他性。换言之，在同一物上不能同时存在两个以上内容相抵触的物权。

第四，物权的内容是物权人享有物之利益。这是指物权人可以对物享有占有、使用、收益和处分中的一项或数项利益。换言之，物权人可以支配物的使用价值或交换价值，或对二者同时支配。

（二）物权的客体

作为物权律关系客体的物，其原则上应该是有体物，包括动产和不动产。物权是权利主体对归属于自己的特定物所享有的权利，因而物权的客体应该是"特定的物"，如果客体不具体、不特定，该种权利则无从行使，也无从保护。要注意的是，并非生活当中的一切物都可以成为物权的客体，作为物权客体的物必须具有如下特征。

第一，物必须存在于人身之外。人是享有独立人格的民事主体，其自身不能成为民事法律关系的客体，能作为民事法律关系客体的只能是存在于人身之外的物。

第二，物能够满足人们社会生活的需要。物只有具有一定的经济价值，能够满足人们的社会生活需要，人们才希望占有和使用它，才会为此建立一定的法律关系。

第三，物能够为人力所实际控制或支配。只有能为人所控制或支配的物，人们才能按照其意思，通过建立一定的民事法律关系来对其进行处分，才能以物为客体建立各种权利义务关系。

第四，物还应该具有一定的稀缺性。稀缺性是指相对于人的需求而言，物不能自由地、免费地、无条件地获取。例如，阳光和空气能满足人的需要，在通常情况下却不能成为民法中的物，原因在于它们是无限地供给的，不具有稀缺性。

随着时代的发展，物权客体的内涵与外延也在扩大，比如说电力、热能、无线电频谱资源、网络虚拟财产等都已得到法律或司法实践的承认。例如，《民法典》第 127 条规定："法律对数据、网络虚拟财产的保护有规定的，依照其规定。"网络虚拟财产是指虚拟的网络本身以及存在于网络上的具有财产性的电磁记录，是一种能够用现有的度量标准来度量其价值的数字化的新型财产。网络虚拟财产作为一种新型财产，具有不同于现有财产类型的特点。网络虚拟财产属于特殊物，把网络虚拟财产归入特殊物，纳入物权保护范围，顺应了物权律的发展趋势。

（三）物权的效力

物权的效力是指法律赋予物权的强制作用力与保障力，它反映着法律保障物权人能够对客体进行支配并排除他人干涉的程度和范围。物权因其种类不同，其所具有的效力也各不相同，但是，各类物权又具有共同的特性，我们此处介绍的就是它们共同的效力。通说认为物权具有如下三大效力。

1. 物权的排他效力

物权的排他效力是指在同一标的物上不允许有两种以上不相容的物权同时存在，即"一物不容二主"。具体表现在以下内容。

（1）同一标的物上，不得同时成立两个以上的所有权，即物权的"一物一权"原则。

（2）在一个特定物上存在法律上的所有权，但是当他人因取得时效或者善意取得制度而取得对该物的所有权时，先前的所有权将因此而消灭，并不得对抗后一个所有权。

（3）同一标的物上不得有其他同样以占有为内容的定限物权存在。例如，在一块土地上是不能同时设立两个土地承包经营权或同时设立两个建设用地使用权的，因为二者都包含占有土地的权利内容；而一物之上是可以共存两个以上抵押权的，因为抵押权不以占有抵押物为其权利内容。

（4）物权的排他效力有强弱之分。排他性最强的是所有权，其次是以占有为内容的他物权，最弱的是不以占有标的物为内容的他物权。

2. 物权的优先效力

即当同一标的物上有物权和债权同时存在时，物权优先于债权；当同一标的物上存在两个或两个以上可相容的物权时，成立在先的物权优先于成立在后的物权。

（1）物权优先于债权的效力。对于存在于同一物上的物权和债权，无论二者的成立顺序如何，物权均具有优先于债权的效力。因为物权在性质上属支配权，而债权在性质上属请求权，支配权的效力当然强于请求权。例如，在"一物二卖"的场合中，因交付或登记而先取得标的物所有权的人，其权利优先于未取得标的物所有权的债权人的权利（无论其债权发生在前或在后）。再如，当担保物权与债权并存时，担保物权具有优先于债权的效力。在债权人依破产程序或强制执行程序行使其债权时，在债务人财产上成立的担保物权具有优先效力。

（2）物权相互间的优先效力。根据物权的排他性原理，一物之上不能同时设立几个所有权，但可设多个性质不同、可相容的物权。在同一物上有多项可相容的物权并存时，应当根据物权设立的时间先后来确立优先效力，但法律另有规定的除外。例如，就同一物上设立了数个抵押权的，先设立的抵押权可优于后设立的抵押权得以实现。

3. 物权的追及效力

物权的追及效力又称物权的追及权，是指无论物权的标的物流转到何人之手，只要其未合法地取得标的物的所有权，物权人均有权要求占有人返还原物。物权的追及效力是由其绝对性所决定的，因为物权的义务主体并不局限于与其有直接交易关系的特定人，而是不特定的一切人，因此它具有对物的追及效力。例如，某甲有一辆自行车存放在朋友乙家，乙擅自将车借给丙使用，该车在丙使用的过程中又被丁偷走。那么甲作为自行车的所有权人，无论其自行车在乙、丙、丁何人之手，均可行使其追及权，要求他们返还原物。

但是物权的追及效力并不是绝对的，若第三人是善意有偿取得财产的，即构成民法上的善意取得，则物权的追及效力被切断，第三人可以取得财产的所有权，此时原物权人只能通过其他途径来获得救济。

（四）物权的分类

1. 学理上的物权分类

（1）自物权和他物权。根据权利人与标的物关系的不同，物权可分为自物权和他物权。

自物权，即指权利人对自己所有的物依法进行全面支配的物权。"全面支配"是指既可以利用物的使用价值，又可以利用物的交换价值。只有所有权符合这一特征，故自物权就是所有权。因为自物权是对物的最全面的支配的权利，故又称完全物权。

他物权，是指权利人在他人之物上享有的被限定于某一特定方面、某一特定期间的物权。它是在所有权权能与所有人发生分离的基础上产生的、由非所有人对物享有的一定程度的支配权，具体包括用益物权和担保物权。因为他物权的权利人只能在限定的范围内对标的物进行支配，故又叫定限物权。由于他物权是所有权人自愿地在自己的财产上设立的一种负担，使别人能够对自己的财产享有某些权利，故他物权的效力强于自物权。也就是定限物权的效力强于完全物权。

（2）用益物权和担保物权。根据设立目的的不同，物权可分为用益物权和担保物权。这是对他物权（定限物权）的进一步分类。用益物权，是指以对标的物的使用和收益为目的而设立的他物权，如建设用地使用权、土地承包经营权、地役权等。担保物权是指为担保债权的实现而设立的他物权，如抵押权、质权等。换言之，用益物权支配的是他人之物的使用价值，而担保物权支配的是他人之物的交换价值。

（3）动产物权和不动产物权。根据物权标的物种类的不同，物权可分为动产物权和不动产物权。动产物权是指以动产为标的物的物权。凡动产上存在的物权，如动产所有权、动产抵押权、动产质权、留置权等都为动产物权。不动产物权是指以不动产为标的物的物权，如不动产所有权、建设用地使用权、土地承包经营权等。区分动产物权与不动产物权的主要意义在于，它们的公示方法、权利变动要件均不同。例如，原则上动产物权以占有为公示方法，而不动产物权以登记为公示方法。

（4）主物权和从物权。根据物权是否从属于其他物权而存在，物权可分为主物权与从物权。主物权是指能够独立存在，不需要从属于其他权利的物权，如所有权、建设用地使用权等。从物权则是指从属于其他权利，并为所从属的权利服务的物权，如抵押权、留置权等。例如，抵押权人对债务人先享有了一个主债权，为了担保主债权能够得以实现而要求债务人提供抵押物，从而又对抵押物产生了抵押权。抵押权从属于主债权，并为所从属的主债权服务，担保主债权的实现。

2. 物权上的分类

《民法典》第116条规定："物权的种类和内容，由法律规定。"此条款即物权规定。根据此原则，物权的种类和内容均应以法律规定为限，不允许当事人任意创设和约定。我国《民法典》将物权分为所有权、用益物权和担保物权三大类型。

（1）所有权。所有权是指财产所有人依法对其财产享有的占有、使用、收益、处分的权利。所有权是最基本、最完整的一类物权，是他物权产生的基础。所有权具有绝对性、全面支配性、整体性、弹力性、排他性和恒久性等特征。我国所有权的类型包括国家所有权、集体所有权和私人所有权三种。《民法典》第207条规定："国家、集体、私人的物权和其他权利人的物权受法律平等保护，任何组织或者个人不得侵犯。"这一条款体现了物权对公、私财产的平等保护原则。故三者的区别主要在于权利主体和客体上的不同，如以下财产只能作为国家所有权的客体：矿藏、水流、海域，无线电频谱资源，国防资产等。

（2）用益物权。用益物权是他物权的一种，是指非所有人对他人之物所享有的占有、使用、收益的排他性的权利。根据《民法典》的规定，我国的用益物权包括土地承包经营权、建设用地使用权、宅基地使用权、居住权和地役权五种类型。

（3）担保物权。担保物权是指为了确保债权的实现，在债务人或第三人的财产上设定的物权。担保物权在性质上属于他物权。根据《民法典》的规定，担保物权包括抵押权、质权和留置权三种类型。本教材也将根据这一分类来展开论述。

二、物权的变动

（一）物权变动的概念

物权变动是对物权关系的发生、变更和消灭的总称。从权利主体的角度来说，物权变动就是物权的取得、变更和丧失。我国《民法典》物权编第二章"物权的设立、变更、转让和消灭"，即指物权变动。

1. 物权的发生

物权的发生是指某一主体取得对某物的物权，又称为物权的取得。物权的取得可分为原始取得与继受取得两种。

物权的原始取得又称物权的固有取得，是指民事主体不以他人的既存权利和意思表示为前提，而直接依据法律的规定取得物权，如通过生产、收益、税收、没收等方式取得物权。

物权的继受取得是指基于他人的既存权利和意思表示而取得物权，又称传来取得。继受取得一般是通过法律行为来取得物权，但不限于依法律行为取得。继受取得又可分为创设的继受取得和移转的继受取得。

（1）创设的继受取得是指在他人之物上设定用益物权或担保物权。例如，银行的债务人以其拥有所有权的房屋为抵押物，为其向银行的贷款提供担保，在办理了抵押登记手续之后，银行即取得了对该房屋的抵押权。该抵押权的取得就属于创设的继受取得。创设的继受取得，只适用于设定所有权之外的定限物权，所有权不可创设取得。

（2）移转的继受取得是指就他人的物权依原状移转而取得物权。例如，通过买卖、互易、赠与、遗赠、继承等方式来取得某物的所有权。移转取得的物权内容与原物权人的物权内容是完全相同的。

2. 物权的变更

物权的变更有广义与狭义之分。广义的物权变更包括物权的主体变更、客体变更和内容变更。物权主体的变更包括主体人数的变更和主体的更换。物权主体的变更，实质上是物权的取得与丧失的问题。《民法典》物权编上的物权变更，一般是指物权的客体与内容的变更，即狭义的物权变更。

物权的客体变更，是指物权的标的物在量上的增减。例如，物权的标的物因添附而增加，或因部分损毁而减少。物权内容的变更为质的变更，是指物权权利内容的扩张或缩减、期限的延长或缩短。例如，土地承包经营权期限的延长；又如，动产抵押权基于登记而取得了对抗第三人的效力。

3. 物权的消灭

物权的消灭又称物权的终止、丧失，可分为绝对消灭与相对消灭。物权的绝对消灭是指不仅原权利人的物权消灭，并且其他人也不能取得该物权。导致物权绝对消灭的主要原因有标的物的灭失、抛弃、混同、权利存在的期间届满等。

抛弃，是指依物权人单方的意思表示而使物权归于消灭。抛弃的意思表示，一般应以一定的方式作出。例如，物权人抛弃动产所有权的，放弃其对该动产的占有即可产生抛弃的效力；抛弃他物权的，应向因抛弃而直接受益者为抛弃之意思表示并交付该动产。抛弃不动产物权的，应向不动产登记机关作出意思表示，并办理注销登记方能产生抛弃的效力。

混同，是指同一物之上所存在的两个以上的物权归于同一人的事实。例如，甲在其房屋上为乙设定了抵押权，后乙购买了该房屋而取得了所有权，则在该房之上存在的所有权与抵押权都归属于乙一人，乙的抵押权则因混同而消灭。

物权的相对消灭是指物权与原权利主体分离，同时又与新的主体结合。对于原权利人而言，为物权的消灭；对于新权利人而言，则为物权的取得。所以，从另一个角度来看，物权的相对消灭实际就是物权的继受取得。我们通常所说的物权消灭，是指物权的绝对消灭。

（二）物权变动的原因

在民法上，导致法律关系发生、变更或消灭的因素称为法律事实。物权律关系的变动当然也是由一定的法律事实引起的，其中包括法律行为和法律行为以外的事实。

1. 法律行为

法律行为，是指行为人以发生一定民事法律后果为目的，作出的具有意思表示的行为，如买卖、赠与、互易、抛弃等。

2. 法律行为以外的其他事实

法律行为以外的其他事实包括事件和事实行为，前者如法定期间的届满，后者如生产、先占等情形。

3. 某些公法上的原因

某些公法上的原因如因国家的征收行为或因人民法院、仲裁机构的法律文书而引起的物权变动。

在以上三种原因中，法律行为是引起物权变动的最重要、最常见的原因。《民法典》物权编第二章第一节"不动产登记"与第二节"动产交付"，其所规范的都是因法律行为而引起的物权变动，第三节"其他规定"则是对几种因法律行为以外的原因而发生的物权变动进行规范。

（三）物权变动的公示原则

物权具有绝对的、排他的效力，故其变动必须具有由外部可以辨认的表征，始可明示其法律关系，减少交易成本，避免第三人遭受损害，保护交易安全。此种可由外部辨认的表征，即为物权变动的公示方法。《民法典》第 208 条规定："不动产物权的设立、变更、转让和消灭，应当依照法律规定登记。动产物权的设立和转让，应当依照法律规定交付。"该条款确立了我国物权变动的公示原则。

经过公示的物权就具有了公信力，也就是登记物权具有权利正确性的推定，即使公示出来的权利状况与真实的权利状况不相符合，但第三人因为信赖该公示而进行的交易，应受法律保护。这就是物权变动的公信原则。例如，甲是某房屋的真实所有权人，但因某种原因跟乙约定好将房屋登记在乙的名下。后乙瞒着甲私自将该房屋出售给丙，丙在签订购房合同前曾到房屋登记主管部门查册，确认了乙为该房产的登记产权人，并且该房产无抵押无争议，丙就放心地与乙缔约、向乙付款并顺利地完成了过户。此时甲发现了乙擅自处分该房产的行为，遂以无权处分要求撤销该交易。那么根据公信原则，乙虽然在法律上欠缺处分权，但基于不动产登记的公信力，丙仍然可以确定地取得该房屋的所有权。从另一角度来看，这也是民法的善意取得制度在不动产领域的表现。

1. 不动产物权变动之公示方法 —— 登记

不动产登记，是指经权利人申请，国家专职部门将有关申请人的不动产物权的事项记载于不动产登记簿的事实活动。《民法典》第 209 条规定："不动产物权的设立、变更、转让和消灭，经依法登记，发生效力；未经登记，不发生效力，但是法律另有规定的除外。"因此，我国关于不动产物权的登记，采取的是登记生效主义原则。例如，甲、乙买卖房屋，双方办理了房屋产权的过户登记，虽然甲未将房屋实际交付给乙，乙也未交付全部价款，但该房屋的所有权已经属于乙，而不再属于甲。

《民法典》第 209 条但书规定的内容是，在不动产物权变动的规则中，登记发生物权变动是基本规则，不必登记是例外规则，且须法律予以特别规定。其含义在于，进行不动产物权变动，在法律没有特别规定的情况下，必须登记才发生物权变动效果；而只有在法律有特别规定的情况下，才应当按照法律规定的方式进行不动产物权变动。不需要登记的不动产物权主要包括三种情形：一是依法属于国家所有的自然资源，所有权可以不进行登记。二是《民法典》物权编第二章第三节中规定的一些无须登记的特殊情况，即主要是非依法律行为而发生的物权变动的情形。三是结合我国的实际情况，尤其农村的实际情况，所规定的一些不需要登记的不动产物权，如土地承包经营权、宅基地使用权、地役权等。

2. 动产物权变动之公示方法交付

《民法典》第 224 条规定："动产物权的设立和转让，自交付时发生效力，但是法律另有规定的除外。"据此规定，交付是动产物权变动的公示方法，亦即生效要件。

所谓交付就是转移占有，即将自己占有的物或权利凭证转移给其他人占有的行为。交付有现实交付与观念交付之分。所谓现实交付，指动产物权之让与人，将其对于动产的现实的直接的占有移转与受让人。例如，甲将自己的手提电脑卖给乙，甲把手提电脑交付给乙，即完成交付行为。除此之外，在现实生活中，还存在假借他人之手进行的交付，也属现实交付。例如，甲将自己的轿车出售给乙，甲的司机将轿车交付给乙的司机，完成交付行为；再如，甲将一盆景卖给乙，乙又将盆景卖给丙，乙请甲将该盆景直接交付于丙，甲允诺并为之，在这种情况下，并不是甲将所有权直接交付于丙，而是甲将盆景交付于丙的时候，同时完成了其对乙的交付，以及乙对丙的交付。

观念交付，也称为拟制交付，是指动产占有在观念上的移转而非现实移转，即让与人并没有将对物的控制权直接移转给受让人。为照顾在特殊情形下交易的便捷性，法律允许以观念交付代替现实交付。观念交付主要包括以下三种情形。

第一种是简易交付。即出让人在转让动产物权之前，受让人已占有动产，则从移转标的物所有权的合同生效时起，视为交付。《民法典》第 226 条规定："动产物权设立和转让前，权利人已经占有该动产的，物权自民事法律行为生效时发生效力。"此条款中的"民事法律行为"，主要是指动产让与人与受让人订立动产转让的协议以及与质权人订立动产出质的协议等行为。

第二种指示交付。即当动产由第三人占有时，转让人将其对第三人的原物返还请求权转让给受让人，以代替现实的交付。《民法典》第 227 条规定："动产物权设立和转让前，第三人依法占有该动产的，负有交付义务的人可以通过转让请求第三人返还原物的权利代替交付。"指示交付适用于动产物权的让与人对其所转让的标的物不享有物理意义上的直接占有和直接控制的可能，从而无法通过现实交付的方式使得动产物权得以变动的情形。

例如，甲将自己的自行车出租给乙使用，在租赁期未满之时，甲又将该自行车出售给丙，由于租期未满，自行车尚由乙合法使用，此时为使得丙享有对该自行车的所有权，甲将自己享有的针对乙的返还原物请求权转让给丙以代替现实交付。

第三种占有改定。即转让人和受让人在转让动产物权时，当事人双方约定让与人仍将继续占有动产，而受让人因此取得对标的物的间接占有，以代替标的物的实际交付。《民法典》第 228 条规定："动产物权转让时，当事人又约定由出让人继续占有该动产的，物权自该约定生效时发生效力。"例如，某甲于 2020 年 6 月 1 日将自己的电动车卖给乙，并约定电动车所有权自此发生转移，但甲因工作需要，还需再使用电动车 1 个月，并于 7 月 1 日将电动车交付于乙。此即为占有改定，甲虽然继续占有该电动车，但该电动车的所有权已基于双方的约定于 6 月 1 日转归乙所有。

另外，《民法典》第 225 条规定："船舶、航空器和机动车等的物权的设立、变更、转让和消灭，未经登记，不得对抗善意第三人。"因此，这三类特殊的动产如果仅仅完成了交付而没有进行登记的话，则物权变动的效力仅可对抗让与人，而不能对抗善意第三人，此乃物权变动的登记对抗主义，有别于不动产变动的登记生效主义。

三、物权的保护

有权利，就应该有救济，否则权利就是一纸空文。《民法典》第 233 条规定："物权受到侵害的，权利人可以通过和解、调解、仲裁、诉讼等途径解决。"和解是当事人之间自行达成协议解决纠纷；调解是通过第三人调停解决纠纷；仲裁是由当事人协议选择仲裁机构，通过仲裁机构来解决争端；诉讼是指以提起民事诉讼的方式来解决争端。物权受到侵害时，权利人可以行使如下请求权。

（一）确认物权权利归属的请求权

物权人在与他人就物权的内容、范围等发生争议时，可以请求确认其权利。物权的确认是物权保护的前提，而且确认物权的请求权不受诉讼时效的限制。《民法典》第 234 条规定："因物权的归属、内容发生争议的，利害关系人可以请求确认权利。"

（二）返还原物请求权

返还原物请求权是指物权人在其权利的标的物被他人非法侵占时，得请求返还的权利。此处的权利人既可以是所有权人，也可以是用益物权人或担保物权人。返还原物请求权的行使以原物仍然存在为前提。《民法典》第 235 条规定："无权占有不动产或者动产的，权利人可以请求返还原物。"

（三）排除妨害请求权

物权人在他人妨害其权利正常行使时，可以请求排除妨害。例如，未经同意在他人的土地上施工，在他人的建筑外墙上悬挂户外广告，在别人的院子堆放垃圾，在别人的车库停车等。排除妨害请求权的行使不受诉讼时效的限制。

（四）消除危险请求权

物权人在他人的行为或设施可能造成自己的权利标的物损害时，可以请求消除危险。例如，因建房挖地基导致邻居的地基松动墙体开裂，则邻居有权要求建房人加固地基和房屋，以消除房屋倒塌的危险。消除危险请求权的行使不受诉讼时效的限制。《民法典》第 236 条规定："妨害物权或者可能妨害物权的，权利人可以请求排除妨害或者消除危险。"

（五）恢复原状请求权

他人对权利人的不动产或者动产造成毁损的，权利人可以请求修理、重作、更换或者恢复原状。《民法典》第 237 条规定："造成不动产或者动产毁损的，权利人可以依法请求修理、重作、更换或者恢复原状。"

（六）损害赔偿请求权

损害赔偿请求权是指权利人的财产遭受他人的不法侵害，无法通过行使以上五种请求权或者通过行使以上五种请求权仍不足以补偿物权人的损失时，权利人可以单独或同时请求侵权人赔偿损失。《民法典》第 238 条规定："侵害物权，造成权利人损害的，权利人可以依法请求损害赔偿，也可以依法请求承担其他民事责任。"

以上六种物权的民法保护方法中，前五种属于物权所独有的保护方法，亦称物权请求权或物上请求权，物上请求权既可以由物之直接占有人行使，也可由物之间接占有人行使。第六种方法是在所有的民事权利受到侵害时都可以行使的请求权，属债权请求权。以上几种请求权视情况可以多种同时适用，也可以只适用其中一种。

第二节 物权律制度研究与运用

一、预告登记制度的评析

（一）关于预告登记的法律效力

预告登记制度的核心问题，在于其效力。由于预告登记的权利是一项物权化的债权，因而它应具有类似物权的排他效力。从各国法律的规定来看，这种排他效力主要包括权利保全、顺位保全和破产保护效力，它们分别体现了预告登记的担保作用、顺位作用和完善作用。

1. 权利保全效力

所谓权利保全效力即保全请求权肯定发生所指定的效果的效力。具体来说，就是排斥后来的其他物权变动的效力。《德国民法典》第883条第2款规定："在预告登记之后对相关土地及权利的处分，如对请求权的实现造成妨碍或者损害者，则属无效。此规定适用于以强制执行、扣押人情形下的处分或者破产管理人的处分。"我国台湾地区所谓"土地法"第79条之一第2款规定："前项预告登记未涂销前，登记名义人就其土地所为之处分，对于所登记的请求权有妨碍者无效。"日本法律中也有类似规定，"既如此，纵有假登记，作为登记义务人的本登记名义人并不失去处分不动产的权利"。"经由假登记的顺位保全后，与假登记保全的顺位相抵触的本登记，在抵触的范围内即成为无效。"可以说，在预告登记后，本登记前，预告登记的义务人并不因为预告登记的存在而妨害其他权利的处分，只是中间处分行为在权利人具备本登记原因而请求本登记时，在侵害权利的范围内该处分行为无效。

2. 顺位保全效力

所谓顺位保全效力即当预告登记推进到本登记时，不动产权利的顺位不是依本登记的日期确定，而是以预告登记的日期为准加以确定。《德国民法典》第883条第3款规定："以转让某项权利为请求权的标的时，该项权利的顺位按预告登记的日期加以确定。"日本《不动产登记法》第7条第2项规定："已进行假登记时，本登记的顺位依假登记的顺位。"预告登记具有保全本登记顺位的效力，因此预告登记在本登记前对于第三人有预告的意义，第三人不得无视预告登记的存在，不得以善意为由进行抗辩。故日本学者将此效力又称为"警告的效力"。可以看出，预告登记本身并无独立的效力，只是在本登记时，才具有意义。因此，预告登记的命运与效力完全依赖于日后本登记是否可以做成。本登记的效力溯及于预告登记做成之时，这样预告登记便防止了第三人的介入，保全了本登记的顺位，使所有权移转请求权得以顺利实现。

3. 破产保护效力

所谓破产保护效力即在相对人破产，但请求权的履行期限尚未届至或者履行条件并未成就时，权利人可以将作为请求权标的的不动产不列入破产财产，使请求权发生指定的效果。

现行立法只规定了权利保全效力，对顺位保全和破产保护效力均未涉及，这一点有待完善。关于权利保全效力，须说明在预告登记后，义务人可否为处分，所为处分在多大范围内有效或无效。关于这一点，立法例上有多种选择，如禁止其后的登记、禁止登记名义人再为处分或采相对无效主义。

（三）关于预告登记义务人的抗辩权

作为预告登记制度内容之一的义务人的抗辩权，《民法典》却只字未提，任何一种法律制度都是权利与义务的统一，没有无权利的义务。在课以登记义务人义务的同时，有必要明确其应享有的权利。建立预告登记制度的目的，只是对被登记的请求权提供物权层面上的更有力的保障，但并不改变请求权本来的法律关系，义务人享有的针对请求权人的抗辩权，是根据请求权本来的法律关系所产生的权利。抗辩权的行使可以维护义务人根据原来的法律关系享有的权利和利益。至于行使抗辩权能否最终形成消除预告登记的结果，还应当根据请求权进一步的意思而定。

我国以往的民事立法，对于登记制度并未给予足够的重视，这一点在预告登记制度上表现得尤为明显，作为物权律中一种重要而特殊类型的登记制度，预告登记在保障当事人权利、保护交易安全、维护市场信用等方面具有重要的意义，该制度的入法值得肯定。

二、物权原则下的地役权制度之发展

（一）《民法典》中的用益物权制度

《民法典》对用益物权制度的规定体现了一个"精简"的原则，"在反复征求意见之后，基本上采取了比较保守，比较稳定的立法"，其值得肯定之处有以下几点。

1. 用益物权的概念有所突破

传统用益物权制度将权利的客体局限于不动产，认为"用益物权是不动产物权，用益物权的标的物只限于不动产"，但不容否认的是，随着社会经济的日益发展，他物权人利用所有人之物的范围已不仅仅再局限于不动产，而有向动产扩大之趋势。

2. 首次将海域使用权纳入用益物权的保护范围之内

这是我国物权制度立法方面的重大制度创新。《民法典》第329条对此作了明确规定，依法取得的海域使用权受法律保护。作为规制一国基本财产的物权律制度在规定海域属于国有的同时，进一步规定了海域使用权，实则为立法的一大进步。海域作为一种重要的不动产，对其进行规定是非常必要的，这体现了海域使用权已由单纯的公法管理上升到了一种私法权利。近现代以来，人们大大丰富了对海洋的利用方式，除捕捞海洋生物以外，还包括养殖、开采石油及建设观光休闲设施等。而且，由于科技的发展，人们已经能够将海洋的一部分与其他部分加以区分，并使排他性支配成为可能。有了必要性与可能性，海域使用权便应运而生了。

3. 探矿权等准物权正式纳入了用益物权体系

这是对这些权利性质的进一步明确。一直以来，探矿权、采矿权、取水权等权利的规定各自独立，互不融合甚至互相抵触，加之法学界对该权利的性质也一直存在争论，造成对该物权迟迟没有可以统一使用的规则。有学者就认为，它属于特别法上的用益物权，应由特别法予以规定。人大王利明教授曾根据《民法通则》的规定，明确将自然资源使用权纳入用益物权，但后来又认为自然资源使用权是一种概括了各种财产权利的集合性权利，主张对其加以分类，有的归入用益物权的范畴，有的由特别法调整。虽然早在2000年人大的物权草案中曾将准物权单独作为一章进行规定，但后来的几个草案都将其删掉了。不过此次《民法典》对该类权利性质的争论终于有了一个较为圆满的答案，即同样在第329条明确规定了探矿权等准物权的性质是用益物权，应将其纳入用益物权体系。从《民法典》"物权编"中"一般规定"的这些变化，我们可以得出如下结论：民法是商品经济的基本法，商品经济的每一次发展都会在民法中留下不可磨灭的印迹。现代商品经济对传统民法物权体系的巨大影响是必须正视的。传统民法物权体系是缜密、完善的，然而却不是墨守成规、故步自封的。从以上这些值得肯定之处我们可以看出，用益物权制度也从封闭逐渐走向了开放。因为在社会发展的进程中，必然会出现与传统民法对用益物权进行定位时所不同的经济、文化、科学背景，我们就应当顺应时代的潮流，确立与时代精神一致的新型用益物权体系，海域使用权、特许物权的出现便印证了这一点。

（二）物权原则下的地役权制度之发展

1. 地役权制度的规定是对物权原则的挑战

《民法典》第 116 条明确规定："物权的种类和内容，由法律规定。"由此可见，我国民法典对此问题尽管徘徊过，但还是遵循了传统的物权原则。不过，通读《民法典》可以发现，尽管"总则编"中明确规定了这一原则，但在具体条文中它的适用却不是僵化的。

首先，《民法典》将用益物权的客体从不动产扩大至动产，本身就是对物权原则的一个挑战。以往民法学界对于物权体系立法构建问题的探讨基本上都是在物权原则的框架内进行的，因为有效的物权仅限于法律明确规定的那些类型，所以在立法时就必须反复地探讨哪些现实存在的或将来可能出现的物权应该被纳入民法中的物权体系。这实际上体现了立法者的"傲慢与偏见"，这种僵化、保守在《民法典》中得到了一定的突破，法律虽没有明确动产用益物权的具体类型，但明确了动产可以成为该权利的客体，这就可以为实践中出现的大量使用、收益动产的情形找到法律依据，而不必再局限于"物权"。

其次，地役权制度的确定也为严格的物权主义带来一丝缓和。《民法典》第 372 条第 1 款规定："地役权人有权按照合同约定，利用他人的不动产，以提高自己的不动产的效益。"第 373 条第 1 款规定："设立地役权，当事人应当采取书面形式订立地役权合同。"而对于地役权的定义和种类，法典并没有做出很明确的规定。这就意味着关于地役权的内容及种类，当事人可以根据不动产之间关系的多样性，按照意思自治的原则通过合同来约定。地役权的这种一定程度的不确定性和意定性，带来了其设定和运用上的极大灵活性，凡是出于自己土地等不动产利益的需要，当事人均可以协议的方式设立地役权，以满足土地等不动产的需要，充分实现对不动产资源的最大利用，同时也可满足人们对更高层次生活的追求。《民法典》中规定的地役权制度，既是对物权原则的挑战，又是对物权原则僵硬化的一种补充。

以往针对物权原则的漏洞，各国司法界及理论界展开过广泛的讨论，提出了很多观点。比如，有主张"合意变更说"，即物权并非全部都是强行性规定，因此对于这些非强行性规定的条文，可以对照物权的性质和目的将它解释为依据合意可以变更的任意规定。又有主张"类推适用旧说"，即为了使新的物权种类能在物权原则下得以生存，将旧物权种类做扩大解释以适用于新生的物权形式。又有主张"习惯法包含说"，即对法律未规定事项之习惯，承认其法律效力，认为习惯作为法律渊源当与法律具有同一效力，因此习惯自然包含在物权主义的"法"之中。更有学者提出物权自由创设原则，主张全面否定物权原则，要求开放他物权体系，重构物权体系的建议。

然而这些学说或已突破、否定物权主义原则，或仅仅是种权宜之计，或造成立法成本的不经济。因此，我们必须转而寻求更科学、更合理、更经济的漏洞补充方法。本书认为，通过在原有物权类型下增加次类型权利的方法，既可以很好地坚持物权主义，又可以经济的方式来拾遗补阙；既坚持了原则性，又不乏一定的灵活性。而地役权便是以其特性通过这种方式来对物权主义进行漏洞补充的。

2. 地役权制度的规定是对物权原则的补充

（1）地役权制度是对传统用益物权实体主义局限性的补充。用益物权是一种实体性物权。但是，在很多情况下，民事主体对他人之物的利益享有并不需占有他人之物便可实现，比如，在他人土地上的通行。因此，在传统用益物权实体主义的框架下，民事主体的这种利益得不到法律保护。另一方面，由于用益物权的实体性决定了其具有独占性、排他性，一物不能同时满足多个民事主体的需要，这样便大大降低了资源的利用价值。

（2）地役权制度起到了对相邻权的排除适用，填补其局限性的作用。相邻权是一种法定权利，是不动产所有权或使用权的自动延伸，其产生不需当事人的设定，只要自己的不动产和他人的不动产相毗邻，他人的相邻权便自动成为自己不动产上的负担。但是，在某些情况下，相邻权的存在和行使可能会给相毗邻人带来更大的不利益。如果不允许毗邻人可以通过其他方式加以处理、排除，那么相邻权的存在便会违背其设立的初衷。地役权具有意定性，民事主体间可根据自己的利益需要自由处理关于利用相互不动产间的关系。因此，它允许相毗邻当事人之间以地役权的形式约定行使或不行使相邻权人的不动产，从而变相地排除了相邻权的负担。这样不仅贯彻了当事人"私法自治"，而且有利于均衡当事人间的具体利益。另一方面，相邻权是法定权利，是关于为便宜自己之不动产而使用毗邻不动产的最低限度的权利，随着相邻不动产关系的复杂化，这种"最低限度"已难以满足人们的需要。而地役权则允许毗邻人根据自己不动产使用之需要自由设定特定的权利，从而能做到"随心所动"。

（3）地役权制度除规范传统内容外，还可用于规范环境保护及营业竞争等权利。环境地役权是指为某种环境利益而利用他人土地的权利。在环境保护问题凸显的时代，环境地役权是对传统地役权的拓展与升华。对物权而言，是物权生态化的集中体现；对环境权而言，为环境权的实施提供了物权的保障和"契约自治"的法律空间，是实现环境保护的新途径，是环境保护公众参与的新形式。由此可见，地役权制度不仅为新出现的权利预留了一席之地，更为其他部门法的发展与创新提供了可借鉴的方法。

第七章
侵权责任理论及实务运用

第一节 侵权责任及其构成要件

一、侵权责任概述

（一）侵权行为及侵权责任

侵权行为是指行为人违反法定义务，侵害他人合法的民事权益，基于主观过错或法律规定，依法应当承担侵权责任的行为。

侵权责任是指行为人因其侵权行为或准侵权行为造成的损害等后果或风险而依法承担的民事法律责任。准侵权行为，指尚未对他人的合法权益造成实质损害，但已构成损害风险的行为。如，《民法典》第1205条规定的缺陷产品预防性除险责任，即为准侵权行为引起的侵权责任。

（二）侵权责任的特征

侵权责任作为民事责任的一种，遵循有关民事责任的一般规定，符合民事责任的全部特征，如民事责任的侧重补偿性、可协商性的特征。除此之外，其自身还具有如下特征。

1. 侵权责任是因违反法定义务而承担的不利法律后果

民事责任从性质上说，可以分为违约责任与侵权责任。违约责任是违反约定义务的法律后果。侵权责任则是因违反法定义务而承担的法律后果，即实施导致他人民法权益受到损害或将他人合法权益置于危险状态之下的行为应承担的法律后果。

随着社会经济的发展，不断产生新的财产权益和人身权益，这些利益都离不开法律的保护。从本质而言，侵权责任即为保护前述两种利益而为要求侵权人承担的法律后果。

2. 侵权责任的前提要件是侵权行为

侵权责任是基于侵权行为而产生，无侵权行为则无侵权责任。侵权责任是行为人实施侵权行为应承担的法律后果。

3. 侵权责任的形式具有多样性

侵权责任相关法律的功能之一就是对被侵害的权利人进行救济。通过立法，指明合法、可操作的救济途径从而避免损害或更大的损害发生，尽可能地弥补已发生的损失，修复被撕裂的社会关系。侵权责任编规定的责任方式主要包含以下几方面。

（1）财产方面。《民法典》第1167条："侵权行为危及他人人身、财产安全的，被侵权人有权请求侵权人承担停止侵害、排除妨碍、消除危险等侵权责任。"根据本条，侵权人应当就给权利人财产上所带来的损失承担相应的责任，此条为概括性的规定，具体的赔偿方式在第1170、1182、1184、1188、1205条等内容中有所展开。

（2）人身方面。人身方面的责任方式主要针对保护财产性人身权益和非财产性人身权益。规定主要针对权利人的生命权、健康权、身体权，这些权益具有独特、不可再生的特点，因此，当这些权益遭受损害之时，可以请求相应的赔偿金。第1183条规定："侵害自然人人身权益造成严重精神损害的，被侵权人有权请求精神损害赔偿。因故意或者重大过失侵害自然人具有人身意义的特定物造成严重精神损害的，被侵权人有权请求精神损害赔偿。"则是针对非财产性人身权益的保护。

（三）侵权责任编的保护范围

《民法典》第1164条规定："本编调整因侵害民事权益产生的民事关系。"侵权责任编保护的权益范围，是对调整对象的界定，其解决的核心问题是哪些民事权益应当受到其保护。"民事权益"本身是一个不确定的概念，对社会发展和人民生活进行了高度的概括和抽象，具有较大的包容性，随着社会经济的不断发展，法律保护的范围也将逐渐丰富。因此，采用概括式规定，有助于囊括各种民事权益。

（四）侵权责任与违约责任的竞合

侵权行为是违反法律规定的义务，而不是当事人之间约定的义务。侵权责任是法定的，具有强制性。

违约行为，指的是合同当事人不履行合同约定的义务。《民法典》第577条："当事人一方不履行合同义务或者履行合同义务不符合约定的，应当承担继续履行、采取补救措施或者赔偿损失等违约责任。"

违约责任具有相对性和特定性，只能由特定的对方承担，承担形式可由双方约定。责任竞合是指某一侵害民事权益的事实的发生同时符合侵权责任和违约责任的构成要件。两者竞合，具备如下三个特点。

第一，当事人之间存在有效的合同关系。有效的合同是违约责任存在的前提。

第二，实施了侵害民事权益的行为。当事人实施了侵害民事权益的行为。

第三，上述行为同时违反了合同约定以及侵害了合同相对人的民事权益。

（五）侵权责任与行政责任、刑事责任的聚合

若行为人实施同一个行为同时触犯了侵权规范、行政规范与刑事规范，法学界将这种现象称为"侵权责任与行政责任、刑事责任聚合"。《民法典》第187条规定："民事主体因同一行为应当承担民事责任、行政责任和刑事责任的，承担行政责任或者刑事责任不影响承担民事责任；民事主体的财产不足以支付的，优先由于承担民事责任。"

法律竞合在司法实践中往往会遭遇适用矛盾的尴尬情景。立法方面的不完善，容易引起前后不一致的问题：刑法与刑事诉讼法明确了精神损害赔偿不属于刑事附带民事诉讼的范围。但是，在《侵权责任》（已失效）第5条中规定："其他法律对侵权责任另有特别规定的，依照其规定。"以及第22条："侵害他人人身权益，造成他人严重精神损害的，被侵权人可以请求精神损害赔偿。"法律规定的不一致，导致了司法实践中适用法律难的问题。

在《民法典》中已经删除上述第5条的特别规定，解决了实际适用的两难境地，是民事立法以及法律交叉适用的一大进步。

二、一般侵权责任的构成要件

（一）行为的违法性

行为是指侵犯他人权利或者合法利益的加害行为本身。行为的违法性指行为与现行法律的强制性规定相违背，是法律的否定性评价。行为的违法性是承担侵权责任的基本要求和必备条件。违法性与下面要谈到的过错属于不同的范畴，违法性属于客观范畴，研究人的行为。因此，对违法性的判断需要从行为性质以及引起的结果出发，结合现行法律规

定，判断是否侵害了法律所保护的权益。

探讨侵权责任的构成要件时，需要确认违法性的地位。如，不确定违法性的地位则意味着在无过错行为中，仅考虑损害结果和因果关系两个因素，会使行为人的担责出现过多偶然性，法律指引功能部分失效，扩大了行为人的义务范畴，过度限制了行为人的自由。

违法性的确认和独立对于立法和实践均具有重要的意义。在法律上确认违法性要件，在实践中不仅可以为人们的社会活动提供基本准备和进行适当的限制，也可以及时有效地维护自身权益，同时有利于社会的管理，实现立法的最终目标。

（二）主观过错

过错制度萌芽于古罗马。受罗马法影响的法国也沿袭了这一制度。"著名法学家让·多玛最早在其名著《自然秩序的民法》一书中，详细论证了过错的本质、功能和体系。他认为，过错是侵权责任构成的必备要件，但不是充分条件。18世纪，法国学者波蒂·埃对侵权责任构成要件中的过错要件，又做了进一步理论深化，使得过错要件逐步深入人心。"

同样，在德国民法中，也采用了过错的概念，认为过错主要指的是主观过错，是行为人实施行为时的心理状态。

在我国，对过错的研究，往往与违法性研究相结合，就过错是否能吸收违法性这一问题分成了两个派别。一方认为"过错应当具有客观性，即主张主观过错的客观化。持反对观点者则认为，过错仅指行为人在作出某种行为时的主观心理状态，而违法则指向行为人的行为在客观上对法律的违反"。

在侵权法理论中，过失还进一步细分为过失与重大过失。过失：当法律对行为人在某种情况下应当注意和能够注意的程度有较高要求时，行为人没有遵守这种较高要求，但未违背一般人应注意并能注意的一般规则时，我们认定为一般过失。

重大过失：一般人能通过稍加注意即可避免的过失，即对行为人注意的程度要求较低，但行为人没有注意，则认定为存在重大过失。

（三）损害后果

所谓损害，是指因人的行为或对象的危险性而导致他人合法权益所遭受的不利影响，此种影响包括财产损害与非财产损害。非财产损害又包括人身损害、精神损害。损害应当具备以下三个特点。

1. 客观性

侵害合法民事权益的后果是客观存在的。后果主要体现在：财产损失、精神损害、人身损害等三方面。

2. 确定性

损害后果是确切发生、真实存在且能够认定的，包括已造成的损害，也包括有造成损害的现实危险性。

3. 法律上的补救性

损害后果在法律上具有能够补救的可能性，即能通过法律的规定对权利人所遭受的损害进行一定程度的弥补。

（四）因果关系

哲学中的因果关系是指各种现象之间引起与被引起的关系。在侵权责任律关系中所说的因果关系是加害行为与损害之间的因果关系，即行为是引起损害的原因，损害是行为的必然结果，因果关系的概念所要解决的是侵权责任是否成立的问题。如果符合某种侵权原因，则认为存在因果关系，权利人也就能获得相关法律法规的救济。

因此，不仅需要考虑何为因、何为果，在确定因果关系时，可能涉及区分哪些行为是损害的主要原因，哪些是次要原因，哪些是直接原因，哪些是间接原因，由此才能确定行为人是否承担侵权责任以及程度责任的大小。

因果关系的判断可从以下几方面入手。

1. 时间的顺序性

原因和结果的发生必然体现在时间顺序中。原因必然发生在结果之前。如果损害结果在加害行为着手前就已经产生，则两者不存在法律关系。

2. 原因的客观性

引起损害结果的原因必然是客观存在的，主观臆测和心理状态都不能成为损害结果的原因。

现实生活相比于理论呈现出复杂的状态，常常多个原因导致一个结果，或者一个原因导致多种结果，由此导致了司法实践中举证责任的分配和举证结果的承担。

第二节　侵权责任的归责原则

一、过错责任原则

（一）过错责任原则概述

过错责任原则是以过错作为价值判断标准，判断行为人对其造成的损害应否承担侵权责任的归责原则，也被称为过失责任原则。《民法典》第 1165 条第 1 款规定："行为人因过错侵害他人民事权益造成损害的，应当承担侵权责任。"

过错责任原则之所以规定由行为人承担相应的侵权责任，是因为其主观上具有可以归责的事由（故意或者过失），导致其行为的不正当性和非道德性。在过错责任原则下，如果行为人在主观上不存在过错，则当然不应承担民事责任，即使已全部满足其他责任构成要件也不承担侵权责任。从这个角度上讲，将过错作为承担责任的前提，在某种程度上起到了对责任承担的限制作用，维护了民事主体的行为自由。

（二）"过错"在我国侵权责任归责体系中的意义

《民法典》第 1165 条规定，行为人因过错侵害他人民事权益造成损害的，应当承担侵权责任。

1. "过错"是大多数侵权责任的基本构成要件

侵权责任的承担，是以法定要件的全部满足为前提的。在《民法典》侵权责任编中，过错责任原则是最常见的归责原则，它是一般侵权行为都必须具备的主观要件，也是一部分特殊侵权行为的主观要件。除法律特殊规定外，侵权责任的归属均采用过错责任原则。相应的，"过错"也就成了大多数侵权责任的基本构成要件，除法律特殊规定外，侵权责任的确定均以行为人存在主观过错为前提。因此，证明行为人是否存在主观过错，就成了能否确定和追究其责任的核心环节。需要注意的是，在侵权行为的归责原则体系中，只有适用过错责任原则的情形下对行为人的过错举证才具有非凡意义。

2. 过错程度是确定责任形式、责任比例大小的依据

（1）过错程度决定责任形式。在侵权行为的归责原则为过错原则的前提下，行为人

的过错程度，往往会对责任的形式产生影响。比如，惩罚性赔偿和精神损害赔偿的适用均要求行为人存在故意或重大过失，一般过失不会引起惩罚性赔偿和精神损害赔偿。

（2）过错程度决定责任比例大小。在过错责任原则中，不仅要考虑行为人的过错，往往也会考虑受害人的过错或者第三人的过错。

（三）侵权范畴的"过错"

侵权范畴中的"过错"是侵权行为的核心概念，其含义是：行为人在实施侵权行为时的一种应受非难的心理状态，包含故意和过失。其与生活语态中"过错"的相同点与不同点在于，二者在道德层面均为否定性的价值评价；而侵权范畴中的"过错"还在法律层面受到否定性评价，为法律所责难，生活语态中"过错"则不具有法律层面的意义。如，亲子关系、恋爱关系中常见的是非纠葛，多限于行为人之间的感情生活，不涉及法律关系。此外，侵权范畴中的"过失"与刑法理论中的"过失"也不尽相同，虽然都表现为，应当预见而没有预见或已经预见而轻信能够避免，但二者构成的门槛不同。要判定一个过失行为是构成民事侵权还是刑事犯罪，要结合行为本身的危险性和可能产生的危害后果具体分析。

（四）过错推定

过错责任原则在法庭上的具体适用有两种方式：一是按照民事诉讼的基本规则分配举证责任，即由原告对行为人存在主观过错承担举证责任，否则承担举证不能的后果；二是举证责任倒置，推定行为人有过错，由行为人承担证明自己没有过错的举证责任，否则行为人就举证不能承担不利后果。

一般情况下，行为人存在过错的举证责任由受害人一方承担。法律另有规定的情况下，实行举证责任倒置，即过错推定。

过错推定是指在法律有特别规定的前提下，从损害结果及行为人与损害结果的因果关系出发，先行假定侵权人存在过错，并由此确定其需要承担责任的一种归责方式。根据《民法典》第1165条第2款规定："依照法律规定推定行为人有过错，其不能证明自己没有过错的，应当承担侵权责任。"过错推定的基本方法是法律推定行为人有过错，从而实现由行为人证明自己没有过错的举证责任倒置。如果行为人不证明或者不能证明自己不存在过错，则认定其有过错，并结合其他构成要件确定侵权责任；如果行为人能够证明自己没有过错，则不承担侵权责任。

过错推定的出现，使法律对受害人一方的保护向前迈进了一步，适用过错推定，

推定行为人有过错，就使被侵权人免除了举证责任而在法庭上处于有利的地位，它相较于由受害人证明行为人的过错，显然更有利于受害人一方。正因为过错推定的这一优越性，才使得它随着侵权理论的发展而发展，经久不衰、日臻完善，成为侵权行为的归责方式之一。

二、无过错责任原则

（一）无过错责任原则概述

1. 无过错责任原则的概念

《民法典》第 1166 条规定，行为人造成他人民事权益损害，不论行为人有无过错，法律规定应当承担侵权责任的，依照其规定。即不以行为人的过错作为责任承担的前提，行为人有无过错不影响侵权责任的构成，而是由法律对需要承担责任的情形予以特别的规定。

由此，可将无过错责任原则定义为：无论行为人是否存在过错，在法律特别规定的情形中，行为人应当对其行为所造成的损害后果承担责任的一种特殊归责原则。

2. 无过错责任原则的由来

无过错责任原则是随着社会化大生产，尤其是大型危险性工业的兴起而诞生的。19 世纪，西方国家的工业化革命取得了长足发展，由此带来了经济的迅猛发展，但与此同时也导致工业灾害频发，严重影响到了人们的生命财产安全。根据以往的过错原则，行为人对其造成的损害结果，须在自己具有主观过错的情况下才承担责任。而此时，社会上多发工业事故和产品缺陷，往往带来较大规模的严重损害，如果继续适用过错归责原则，多数情况下企业主和产品方都能以"主观上无过错"逃避自己的责任，使得受害人求助无门。当受害人众多时，极易引发深层次的社会矛盾。在这样的情况下，人们就试图寻找一种不同于过错责任原则的更为严格的归责方式以保护受害人的合法权益，无过错责任原则应运而生。适用这一原则的基本思想，在于对无辜之人的损害尽快由行为人合理负担，切实保护被侵权人的民事权益。

3. 无过错责任原则的意义

传统的过错责任原则是以道德为衡量标准的，只有道德的人才得以免除责任，要求

个人主观上无可非难，其立足于对个体的公正，以此来彰显法律断是非、申冤曲的价值，符合古典自然法公平、正义的标准。而无过错责任原则是着眼于社会整体利益，针对不同社会群体的力量强弱、地位悬殊，在损害发生之时寻求一种利益的平衡，以补偿那些更容易受到伤害的弱势群体，追求的是法律的社会实效。

在实体方面，无过错责任原则的适用，加重了行为人的责任，使被侵权人的损害赔偿请求更容易得以实现，使得受到损害的权利得到及时的恢复与救济。在程序方面，由于无须对行为人存在过错进行证明，不仅可以减轻受害人的举证责任，还能简化诉讼程序，法庭也不必对行为人是否存在过错进行审理，不仅使得当事人免除了诉累，也节约了司法成本。这在现实的生产、生活中都是十分重要的，同时也是过错责任原则所不能企及的。

（二）无过错责任原则的适用

1. 适用范围

适用无过错责任原则有严格的大前提，必须是法律明确规定的特定情形才可以适用。依据《民法典》及相关法律的规定，主要适用于如下情形。

（1）《民法典》第1202条："因产品存在缺陷造成他人损害的，生产者应当承担侵权责任。"

（2）《中华人民共和国道路交通安全法》（以下简称《道路交通安全法》）第76条第2款：交通事故的损失是由非机动车驾驶人、行人故意碰撞机动车造成的，机动车一方不承担赔偿责任。

（3）《民法典》第1229条："因污染环境、破坏生态造成他人损害的，侵权人应当承担侵权责任。"

（4）《民法典》第1236条："从事高度危险作业造成他人损害的，应当承担侵权责任。"

（5）《民法典》第1245条：饲养的动物造成他人损害的，动物饲养人或者管理人应当承担侵权责任；但是，能够证明损害是因被侵权人故意造成的，可以减轻责任。

（6）《民法典》第1191条：用人单位的工作人员因执行工作任务造成他人损害的，由用人单位承担侵权责任。

（7）《民法典》第1192条：个人之间形成劳务关系，提供劳务一方因劳务造成他人损害的，由接受劳务一方承担侵权责任。

（8）《民法典》第1188条：无民事行为能力人、限制民事行为能力人造成他人损害的，由监护人承担侵权责任。

2. 构成要件

无过错责任原则并非强调片面地依靠结果归责，只要出现了损害结果就要找到一个"负责人"。仍然需要满足三个责任构成要件：行为、结果和因果关系。即在适用无过错责任原则的情况下，只要行为人实行了相关行为，出现了损害的后果，而这个行为与损害结果之间又存在因果关系，则构成了侵权，行为人就需要承担责任，至于其主观上是否存在过错在所不问。在适用无过错责任原则的场合下，决定侵权责任构成与否的关键是因果关系，因而这往往也是现实的诉讼中双方的争议焦点。

3. 举证责任的分配

适用无过错责任原则的情形下，主要的举证责任由被告方承担。原告方（被侵权人）仅须证明侵权行为与损害后果之间存在因果关系，即证明自己的损失是由被告人的行为引起的，而不是因其他原因导致了损害后果即可。其他的免责事由（不可抗力、受害人故意等）、否定存在因果关系等证明责任则由被告方（侵权行为人）承担，若其举证不力或举证不能就需要承担相应责任。

三、公平责任原则

（一）公平责任原则的概念

公平责任原则，也称衡平责任原则，是指当事人双方对损害的发生均无过错，法律又无明确规定适用无过错责任原则予以归责的前提下，让一方当事人承担损失有违公平时，出于平衡双方利益的考量让其合理分担损失，由行为人对受害人的损失给予适当补偿的归责原则。《民法典》第1186条规定，受害人和行为人对损害的发生都没有过错的，依照法律的规定由双方分担损失。

（二）公平责任原则的意义

1. 有利于社会和谐

公平责任原则是一种利益平衡器，有助于舒缓紧张的社会关系，促进社会和谐。公平责任原则适用于双方当事人都不存在过错，也无法律规定适用无过错责任的情况。

公平责任原则使得法律具有了人情味。在中国传统法律思想中，民事案件的处理，要综合考虑天理、国法和人情。而公平责任原则属于天理、国法和人情中的人情部分。

2. 分散了社会成员的风险

公平责任原则提供了一种过错归责原则、无过错归责原则无法替代的损害（或者是风险）分配方案。当前，虽然有商业保险、社会保险、众筹基金等新兴的社会风险分担工具，但面对不可归责的情形，普通公民的首选仍是向法律寻求救济，同时其他风险转移工具的评估责任也需要依靠归责原则，从而确认彼此的责任分担。此时公平责任原则就将个人（尤其是本身正孤立无援的弱者）无端受到的损失分配到社会的其他成员当中，以分散其受到的损失。而我们每一个人都有可能成为无端受损的一方，也可能是分担损失的一方，因为我们都是社会整体的一员。

（三）公平责任原则的适用

1. 适用的条件

（1）公平责任原则只能适用于双方当事人均无过错的情况。若当事人一方或者双方都存在过错的情况下，则应当适用过错责任原则。只有在当事人双方都没有过错的前提下，才有适用公平责任的可能性。

（2）公平责任原则适用于法律未特别规定要适用无过错责任的情况下。若相关案件属于法律规定适用无过错归责原则的情形，则即便当事人双方对损害的发生都无过错，依然要适用无过错责任原则，由行为人一方承担侵权责任。

（3）适用公平责任原则要有法律依据，《民法典》第1186条，受害人和行为人对损害的发生都没有过错的，依照法律的规定由双方分担损失。此条文修改了以往的"可以根据实际情况"的适用条件，进一步明确要有法律依据才能得以适用。

2. 杜绝平均主义

公平责任原则并非"一刀切"地要求双方平均分担责任，在有法律依据可以适用公平责任原则的前提下，当事人如何分担损失，要考虑行为方式、案件情节、损失大小、影响程度、当事人的经济能力等实际因素。在此基础上法官凭借其职业道德和法律素养所形成的内心确信的公平观念，根据各方面的实际情况来综合判定，确定各自应承担的责任。绝不可在适用公平责任原则时搞绝对平均主义，导致双方实际上责任分担不公。

第三节　侵权责任制度研究

一、侵权责任的内涵解析

（一）侵权责任的含义

所谓侵权责任，是指有关侵权行为的定义和种类以及对侵权行为如何制裁、对侵权损害后果如何补救的民事法律规范的总称。《民法典》第 120 条规定："民事权益受到侵害的，被侵权人有权请求侵权人承担侵权责任。"《民法典》中的"侵权责任编"也专门规定了有关侵权行为的定义、种类，以及对侵权行为制裁、对侵权后果的补救等多项制度。

（二）侵权责任的特征

侵权责任作为民法典的一个独立分编，有其独特的逻辑体系和完整的结构。与民法典的其他分编即物权、合同法、人格权法、婚姻家庭法、继承法相比，侵权责任具有如下特征。

1. 侵权责任具有显著的强制性

侵权责任以保护民事主体的民事权利为己任。侵权责任最主要的功能在于保护民事权利。侵权责任的主要作用是制裁侵权行为，保护因为权利受到侵犯而承受伤害的被害人，这种制裁和保护相悖于侵权人实施侵权行为的初衷、意愿和目的，因此，侵权责任具有较强的强制性，其规范大多为强行性规范。侵权责任中规定的归责原则、责任构成、举证责任等均为强行规定，当事人不可针对这些侵权行为责任进行协议改变，行为人不可以让其他人代替自己承担这些侵权民事责任，不允许侵权行为人通过任何手段拒绝承担相应的侵权责任。侵权责任中另行规定的按照具体规定执行，例如，一些规范具有任意性权利人可以处分自己享有的赔偿权利，可以通过协商的方式与当事人解决相应的侵权赔偿纠纷。侵权行为的本质是债的发生根据，因此在解决侵权行为造成的损害时产生的赔偿请求权具备债权的基本性质。

2. 侵权责任内容具有显著的复杂性

首先，侵权行为的发生并不仅限于财产关系和人身关系，在其他各个领域都广泛存在侵权行为，人类生存和活动的场所都可能发生侵权行为；也就是说，侵权行为广泛存在于各种人类活动形成的关系中，劳动关系、环境保护关系、自然资源管理关系等都可能发生侵权行为。其次，现代社会存在大量法律关系竞合现象，侵权行为与犯罪行为、行政违法行为等各种行为之间产生竞合；也就是说，侵权行为很多时候并不是单独存在的，而是与其他犯罪行为同时存在的，很多违反行政管理的行政违法行为也都构成侵权行为。从以上分析可以看出，侵权责任在内容上具有显著的复杂性。

3. 侵权责任内容具有显著的概括性

侵权责任的内容极其广泛，涉及的范围特别宽。但是，从各国的民事立法来看，侵权责任的内容都极为简洁、概括。对于内容极广泛的一种法律，却能用极简要的法律条文加以规定，不能不说侵权责任的条文极具概括性。例如，《法国民法典》第 1382 条、《德国民法典》第 823 条、《日本民法典》第 709 条和我国《民法典》第 1165 条第 1 款，都极具概括性。

4. 侵权责任内容和体系具有完备性、系统性

尽管侵权责任的内容十分概括，又十分复杂，但它却有完备的立法体系和完善的理论系统。侵权责任的完整性和完善性在于：在立法上，侵权责任的逻辑严谨，内容完备，完整概括了侵权行为的一般概念、种类、归责原则、制裁手段和救济方法等所有的内容，使得侵权责任编体系完备、内容广泛。

（三）《民法典》"侵权责任编"的立法创新

1. 回应社会热点，确立具体规则

"法者，非从天下，非从地出，发于人间，合乎人心而已。"从法社会学的角度来看，立法就是要回应社会的法律需求。正如萨维尼在《论立法与法学的当代使命》一文中所言，"法律并无什么可得自我圆融自洽的存在，相反，其本质乃为人类生活本身"。民法典对于《侵权责任》的修改完善，总体上都是要回应社会问题，增加制度供给，满足社会需要。

（1）"自甘风险"入法，体现责行一致。针对目前许多教育机构因害怕担责，不敢轻易组织具有一定风险性的文体活动，《民法典》第 1176 条规定："自愿参加具有一定风险的文体活动，因其他参加者的行为受到损害的，受害人不得请求其他参加者承担侵权责任，但是其他参加者对损害的发生有故意或者重大过失的除外。"此次《民法典》将"自甘风险"原则纳入责任认定条款，为教育部门开展文体活动和学生德智体美劳全面发展提供了法律保障。首先，"自甘"风险是一种风险评估后的理性选择，一旦选择了，参加者就自愿承担可能伤害的后果，其中蕴含的独立自主的责任意识、理性精神和担当意识是全

面发展的人的最为重要的品格和精神；其次，所谓的自愿参加通常要以"明示"的方式签订免责同意书（未成年学生需得到其监护人的同意），学生一旦签订了，则落字为凭，有助于培养学生的独立判断和决策能力，恪守契约精神，形成法治观念；最后，学生参加有一定风险的文体活动，在某种意义上就是鼓励学生进行探索创新，使学生在生机勃勃的活动中生发出无限的活力和美感，进而培养学生的创造力和坚韧性。文明其精神，野蛮其体魄，才能够培养全面发展的人。当然，学校体育运动事故中是否适用这项原则，还要综合考量体育运动的危险性质、受害人的意识能力、危险发生时间、体育比赛的性质等因素。

（2）增加"自助行为"，赋权自我保护。自助行为，是传统的免责事由，自助行为是权利人为了保护自己的权利，在情势紧迫而又不能获得国家机关及时救助的情况下，对他人的财产或者自由在必要范围内采取扣押、拘束或者其他相应措施，为法律或社会公德所认可的行为。自助行为的性质属于自力救济。民法典在规定自助行为的条文中，没有明文规定可以对他人人身自由施加拘束。其实，在"等"字中包含了这个意思。例如，客人去饭店吃饭未带钱，店主不让其离开，等待他人送钱来结账，这种拘束客人行动自由的行为，就是自助行为，并不构成侵害人身自由权的侵权责任。

（3）完善高空抛物规定，守护"头顶的安全"。《民法典》对高空抛物坠物致害责任制度进行了较大幅度的完善。一是明确宣示对高空抛物行为的否定性立场，规定"禁止从建筑物中抛掷物品"。二是强调物业服务企业等建筑物管理人的安全保障义务，这对有效防止高空抛物坠物事故的发生具有积极意义。三是规定了可能加害的建筑物使用人补偿后的追偿权。四是强调了公安机关应当依法及时调查高空抛物坠物事件，以尽可能降低可能加害的建筑物使用人成为被告的概率。

2. 创新立法理念，体现与时俱进

（1）侵权责任编在价值层面体现了中国特色。侵权责任编的立法积极平衡权利救济与行为自由之间的关系，改变了过去过于注重权利保护和救济、相对轻视行为自由的立法思维；侵权责任编的立法更加追求实质的公平正义，兼顾特殊受害人的利益；侵权责任编的立法强化私权保护与兼顾公共利益。既努力保护民事主体的合法权益，使其能够得到充分的有效救济，又在一定程度上兼顾了社会公共利益，使两者得到有机结合。

（2）侵权责任编在制度层面实现了重大创新。一是积极贯彻生态文明理念和民法典的绿色原则。侵权责任编第七章将环境污染和生态破坏作为两种不同的侵权行为进行规定，并新增了生态环境损害惩罚性赔偿制度、生态环境修复责任制度和环境公益诉讼制度。二是弘扬社会主义核心价值观，提供明确的行为规范，为行为活动提供正确指引。三是吸收司法解释和法学研究的一些重要成果，完善相关具体制度。如，《民法典》第 1183 条将"具有人身意义的特定物"纳入精神损害赔偿范围。四是体现时代精神，有针对性地对当前社会热点问题进行回应。前文已述。

（四）侵权责任的调整功能

侵权责任的调整功能是民法典调整功能的具体体现，也是全部侵权责任规范存在的目的。围绕侵权责任的基本功能，侵权责任的基本内容包括归责原则、责任构成要件、免责条件、举证责任等各自发挥不同的作用。

1. 侵权责任具有显著的预防功能

侵权责任的预防功能是指通过规定侵权行为责任教育侵权行为人，引导人们不要实行侵权行为，也就是通过明确法律责任的方式起到警醒作用，以此引导人们的正确行为，预防侵权行为造成的损害发生，进而维护社会的稳定发展。具体来说，侵权责任的预防功能主要体现在以下几个方面。明确民事违法行为的民事制裁，从而教育和警醒人们不要实施侵权行为，引导人们的正确民事行为，不得侵害他人合法利益，并积极履行自身承担的法律义务，同时还要采取积极预防措施，避免自身的合法权益遭受侵害；对于已经由于侵权行为造成损害的，要及时采取相应的措施避免造成更大损害。可以看出，这样可以在一定程度上减低社会危险因素发生的可能，提前预防发生侵权损害。

2. 侵权责任具有显著的惩罚功能

侵权责任的基本功能之一就是惩罚侵权行为。侵权行为人通过侵犯他人人身权和财产权造成侵权危害，侵权行为是一种具有社会危害性的违法行为，因此侵权行为必然受到法律制裁，侵权行为人必然受到法律惩罚。侵权责任的惩罚功能主要表现在以下几个方面。首先，按照《民法典》侵权责任编的规定，侵权行为人必须对其侵权行为承担相应的损害赔偿等责任，这是侵权行为人必须承担的责任。按照法律规定，受害人可以根据自身意愿免除侵权行为人的一些民事责任，但是侵权行为人无权抛弃或者拒绝承担侵权责任。其次，大多数侵权行为虽然对受害人造成了损害，但加害人并没有得到财产上的利益。按照侵权责任的规定，未受有财产利益的侵权行为人需要承担相应的财产责任，也就是需要为其造成的损害支付金钱赔偿，而这种损失补偿行为就是对侵权行为人的一种惩罚。对于侵权行为人而言，财产损失补偿必然属于一种财产惩罚，体现了法律对侵权行为的谴责和非难。尤其对于加害人侵害人格权的行为而言，赔偿责任与侵权行为人的故意和过失程度之间存在直接关系，侵权行为人需要承担精神损害责任，做出相应的精神损害赔偿。这本质上就是对不法行为人的一种惩罚。

需要注意的是，侵权责任虽然会对侵权行为进行惩罚和制裁，但是这一行为的目的并不是为了实现报复性惩罚，而主要是保护民事主体的合法权利，矫正不法行为，并起到行为导向的作用，提出正确行为的要求，要求尊重他人权利，要求恪尽职守。所以惩罚的目的就是要保证民法规范的遵守、保障民事权利的实现和民事义务的履行。

3. 侵权责任具有显著的补偿功能

侵权责任的补偿功能，是指侵权责任主要适用损害赔偿的手段，责令侵权行为人向受害人支付赔偿金，以填补受害人因侵权行为所受到的损害的法律功能。

补偿是指在行为人实施侵权行为并致他人损害以后，行为人应向他人负赔偿责任，以补偿受害人因其行为所受到的损失。侵权责任的补偿包括三方面的内容，即财产损害赔偿的补偿，人身损害赔偿（即对因人身伤害和死亡所致损失的补偿），以及精神损害赔偿的补偿。侵权责任的补偿，旨在使被侵害的权利得以补救或恢复。

侵权责任的基本侵权民事责任形式为损害赔偿，以此保证侵权责任补偿功能实现，同时，侵权责任的很多制度和规范是直接实现补偿功能的。例如，侵权责任对某些特殊侵权行为规定实行过错推定责任，对某些特殊侵权行为规定实行无过错责任原则归责，都是着重体现侵权责任的补偿功能。《民法典》对侵权责任方式除规定了损害赔偿以外，还规定了多种方式。各种责任方式适用于不同的侵权行为，其效果各不相同，但都体现了补偿和保护的作用，都共同地实现了侵权责任的补偿功能。

二、特定责任主体的侵权责任

（一）监护人侵权责任界定及相关问题

1. 监护人责任内涵解析

（1）监护人责任的含义。按照我国相关法律规定，无民事行为能力人、限制民事行为能力人如果对他人造成损害，则由其监护人按照相关规定承担相应的侵权责任，这就是所谓的监护人责任。监护人责任自罗马法以来就是"准侵权行为"的主要内容之一。

（2）监护人责任的法理依据。家庭的特殊职能决定了监护人要为被监护人造成的损害承担相应的侵权责任。监护人对被监护人负有培养、教育和监督义务，在绝大多数情况下对避免被监护人造成损害有控制能力，最有可能通过日常的教育和具体情形的作为来减少或避免此类损害的发生，因此监护人在被监护人造成他人损害时应当承担侵权责任。

（3）监护人承担的无过错责任。监护人责任是一种无过错责任。具体来说，监护人对被监护人造成的损害承担赔偿责任，一般不要求被监护人有过错，而且由于被监护人往往没有侵权行为能力也就无法讨论其过错问题。同时，也不要求监护人有过错，监护人不得以其已经尽了监护职责而要求免责，但监护人尽了监护责任的，可以减轻其侵权责任。

2. 监护人的补充责任

按照民法典的规定，被监护人造成他人损害的，如果自身有财产，则优先使用这一部分财产支付相应的赔偿费用，对于财产不足以支付的部分则由监护人承担补充责任。需要指出的是，这里的被监护人有财产，不是指其少量的零花钱、价值不大的日常生活用具等，而是指其价值较大的动产（如存款、贵重首饰）和不动产（如房产）。监护人的补充责任是完全的补充责任，即"缺多少补多少"，而且事后无追偿权。

对于监护人责任需要注意的是：首先，成年子女并非危险物品，因此不能像处理危险物品造成损害的责任一样处理监护人的责任；其次，父母亲生育和抚养子女并没有过错，一般也不可能从中受益，相反是对社会的贡献，因此在确定监护人责任时应当公平地考虑监护人的利益。

（二）雇主侵权责任界定及相关问题

1. 雇主责任的含义及归责原则

（1）雇主责任的含义。雇主责任也可以称作雇佣人责任、使用人责任或者用人单位责任，是指广义的雇主对广义的雇员在执行雇佣事务或者为了雇主的利益进行活动过程中致使他人损害所应承担的责任。此处的雇主既包括单位，也包括个人；被侵权人是雇主和雇员之外的第三人。这种责任在性质上为替代责任或者转承责任。

（2）雇主责任的归责原则。当前学术界对于雇主责任的归责有不同的观点，其中大多数研究学者认为雇主责任应当适用无过错责任原则。《民法典》区分雇主为用人单位和个人的情形用两个条文规定了雇主责任。《民法典》第1191条是有关雇主为用人单位的情形，该条第1款规定："用人单位的工作人员因执行工作任务造成他人损害的，由用人单位承担侵权责任。用人单位承担侵权责任后，可以向有故意或者重大过失的工作人员追偿。"此处"追偿权"的规定，是民法典的一大亮点。

这表明我国立法也基本上采用了无过错责任原则。具体来说，雇主责任适用无过错责任原则，是指雇主为雇员的侵权行为承担替代责任时不考虑雇主是否有过错的问题，并不意味着不考虑雇员在实施加害行为时的过错：如果某一个加害行为的侵权责任是以过错为要件的，雇员在实施该行为时并没有过错，则不构成侵权，雇主不对此行为造成的损害承担责任；相反，如果某一加害行为的侵权责任不以过错为要件，则不考虑实施该加害行为的雇员有无过错，雇主均应对此承担责任。

2. 雇主责任遵循的主要规则

（1）确保雇主与被雇佣人存在雇佣关系。按照我国相关法律规定，雇主责任要求雇主对于其被雇用人在执行职务活动的过程中造成他人权益损害的，雇主需要承担雇主责任，也就是需要针对这一损害承担相应的民事责任。雇佣关系之存在是雇主责任的基础。是否存在雇佣关系，应当依据我国劳动法的有关规定判断。雇佣包括长期雇佣、短期和临时雇佣；包括固定工、临时工、合同工、钟点工等。雇佣关系通常以雇佣合同（劳动合同、劳务合同）确定，但是有些当事人之间并不存在此等合同，而存在事实上的雇佣关系。此二者均应当被认为是雇佣关系。在雇佣关系中，包括雇佣人（雇主）和被雇佣人（雇员）。雇主是指依雇佣合同（劳务合同、劳动合同等）或者事实上的雇佣关系使用他人之劳动力（包括脑力和体力）并向该他人支付报酬的人。雇员是指因雇佣合同（劳动合同、劳务合同等）或者事实上的雇佣关系受雇于他人，以自己的劳动服务于他人，并从该他人处获取报酬的人。在实践中也存在一人受雇于数个雇主的现象，在发生雇员侵权时，应当根据具体情况判断是由数个雇主分担责任还是由其中之一承担责任。对于处在劳务派遣期间的被雇佣人员，因执行工作任务造成他人损害的，由接受劳务派遣的用工单位承担侵权责任；劳务派遣单位有过错的，承担相应的责任。

（2）雇员仅对其执行职务范围内行为负责。雇主对其雇佣人员承担的雇主责任仅限于雇员在执行职务过程中造成他人权益损害的行为责任，应当从行为人的主观意识和行为的客观性质两个方面加以判断。一般来说，雇员主观上认为是执行职务的行为，而且在客观上又不悖于情理，就可认定该行为是执行职务的行为。

（3）在一定条件下，雇主享有对雇员的追偿权。不同国家对于雇主责任的规定并不相同，一些国家在侵权责任中明确规定了雇主享有一定的追偿权。此次《民法典》也增加了雇主追偿权的相关规定。雇主在承担了雇员致人损害的赔偿责任之后，对故意或者有重大过失的雇员有追偿的权利，雇员应当根据具体情况对雇主承担相应的赔偿责任。

3. 关于独立承揽人侵权责任的规定

《民法典》第 1193 条规定："承揽人在完成工作过程中造成第三人损害或者自己损害的，定作人不承担侵权责任。但是，定作人对定作、指示或者选任有过错的，应当承担相应的责任。"依该条规定，定作人原则上是不承担侵权责任的，除非其对定作、指示或者选任有过错。

（三）校园人身损害事故的责任

1. 校园人身损害的含义

近年来，时有校园伤害案件的发生，校园人身损害赔偿案件成为人们关注的重点。具体来说，校园人身损害赔偿案件，是指发生在学校、幼儿园或者其他教育机构场所内，由于学生、受托的幼儿（以下统一简称"未成年学生"）的身体健康或者生命受到侵害，而要求学校、幼儿园或者其他教育机构以及第三人予以赔偿的案件。学校、幼儿园等教育机构和学生之间是教育、管理和保护的关系，而非监护关系，因此其责任也不像监护责任一样严格。

2. 校园人身损害案件责任承担的规则

《民法典》第 1199—1201 条对学校等教育机构对校园人身损害事故的责任作出了规定，确定了校园人身损害案件责任承担的规则。

第一，对于无民事行为能力人在校园内遭受人身损害的，教育机构需要按照规定承担相应的过错推定责任，教育机构能够证明尽到了教育、管理职责的，不承担责任。

第二，对于限制民事行为能力人在校园内遭受人身损害的，教育机构需要按照规定承担相应的一般过错责任，由被侵权人一方对教育机构未尽到教育、管理职责承担举证责任。

第三，如果未成年人在校园内遭受的人身伤害是教育机构以外的人员造成的，则由实际侵权人承担侵权责任；教育机构在其过错范围内承担相应的补充责任。这意味着：（1）在第三人侵权致未成年人人身损害时，学校等教育机构如果也有过错，他们承担的是相应的补充赔偿责任，如果实际侵权人有赔偿能力则由实际侵权人自己承担全部赔偿责任；（2）如果出现找不到实际侵权人或者实际侵权人没有赔偿能力的情形，由学校、幼儿园等教育机构承担相应的补充责任；（3）学校、幼儿园等教育机构并不是在任何情形下都要承担赔偿责任，在有过错时也不是要和实际侵权人一起承担连带赔偿责任，而仅仅承担相应的补充赔偿责任。当然，如果学校、幼儿园等教育机构和实际侵权人在共同过错的支配下实施了共同侵权行为，则应该承担共同侵权的连带赔偿责任。所谓"相应"，一般应当理解为与其过错大小相适应。

三、侵权惩罚性赔偿制度的适用

自从公众对《民法典》倍加关注以来，惩罚性赔偿就成了侵权责任中众人注视的热点命题，而社会上严重的侵权事件屡屡发生，比如，环境污染的案件中对公众生命及财产权的侵害、校车安全事故中对幼小学生的生命健康权的侵权、苹果产品售后歧视待遇、食品安全事件中公众对消费者生命健康权的漠视等，这使得人们对于惩罚性赔偿越发关注。这些问题促使了近几年来《消费者权益保护法》《食品安全法》的重新修订，同时侵权惩罚性赔偿制度的赔偿数额也被大幅度加大。为解决上述问题，这一制度已为我国的立法学者所接纳并扩大其适用范围，它提供了制度方面和理论方面的途径。

（一）惩罚性赔偿制度的基本理论

惩罚性赔偿是一种特殊的民事责任形式，是指由人民法院根据被侵权人的请求所依法做出的赔偿数额超出实际损害数额的赔偿。惩罚性赔偿是一种加重赔偿，是指针对侵权人故意的侵权行为造成的损失进行弥补之外，对侵权人进行处罚以防止将来重犯，同时也达到惩戒他人的目的。从《民法典》的法条规定不难看出，适用惩罚性赔偿的条件都是基于侵权人的故意，且情节严重或者造成严重后果并由被侵权人提出。

1. 惩罚性赔偿制度的内涵

惩罚性赔偿制度起源于英美法系。近几年来，由于这一制度备受关注，我国学者也对其有了不少了解，对于它的含义，也有一些不同的看法。通说认为，惩罚性赔偿通常是指侵权人不仅要付出一部分补偿性质的赔偿额，还要付出法律对这种侵权行为进行惩罚的赔偿额，这种给受害人补偿金额的目的就在于惩罚并遏制这一类侵权行为。

2. 特征

在民事赔偿制度中，惩罚性赔偿和补偿性赔偿二者有相同之处，也有不同之处。将二者相互比较，前者有如下特征。

（1）法定性。前者只是作为一种民事责任的例外情形，避免法官滥用私权对侵害人进行过当惩罚，由此而造成被告再次受到不公平的对待，这是其目的所在。因此，就需要有法律清楚明确地说出其使用条件，不然即被认定为禁止适用此制度。

（2）惩罚性。后者的其中一个目的是对受侵害人遭受的损失进行适当弥补，在于增加加害人对受侵害人的赔偿额度从而制裁加害人犯下的过错行为。但前者的功能却不仅是如此，还包括惩罚、遏制这一类侵权行为。

（3）附加性。前者在一定程度上是后者的一种补充的民事责任形式，只有当适用了后者的金额之后还是没有很明显地显示出法律对这种侵权行为的不赞成态度，或者依然不能够公平地、合理地对侵害人行为的恶意进行严厉惩罚，并因此来防止其再一次发生之时，前者才可以用于此处。

（二）惩罚性赔偿制度的功能

1. 完整地赔偿受害人的损失

惩罚性赔偿是一把利剑，它可以给受害人应得的帮助，也可以让法律赋予受害人的权利得到更真实完整地实现，并且这一制度也能更好地保障遭受到不幸的那个人可以得到法律对其的救助，这种救助会比其他制度更加完整，也更加充分。这一制度还有个应然的功能，即对受害人进行充分的帮助，且应该是排在第一位需要得到实现的功能。虽然这一制度区别于补偿的制度，但是却并不是完全与后者相对立，二者间完全的区分对于受害人而言，主要有以下两方面体现。

（1）对于非经济性损失的赔偿．对于被害人而言，加害人的侵权行为可能对被害人经济上和非经济上造成相当一部分损失，比如，名誉受到侮辱、尊严遭到践踏、精神抑郁等，惩罚性赔偿制度可以对这些侵害的救济发挥部分功能。用金钱的价格无法进行计算是非经济性损失的一大基本特点，因而只能考虑其他的参考因素。由于确定一个明确的目标有很大的难度，故此，也无法用很精准的金钱数额去完全弥补受害人所遭受的损失了。此时，若单单适用后者，则补偿性赔偿功能决定了受害无法得到合理的救济，但前者却可以很好地解决这个问题。

（2）对于救济权利的费用的赔偿。在救济权利的过程中，受害人为此而需要支付各项费用，尤其和诉讼相关的支出，这一支出一方面是受害人为了得到公平结果而必须出的钱；另一方面是在救济过程中受害人必须要再次承受的痛苦。倘若仅仅依据后者，则很难说受害人得到了符合法律的、符合道德的结果。假如受害一方在寻求法律的帮助之后的境遇还不如受害前的话，那么就没有任何价值。造成这一后果也有在现实环境里存在的诉讼成本太高的一部分原因，也正是因为维权困难，所以才会出现懒诉、息诉的问题。这些问题也促使了侵权行为屡屡发生。如有报道指出，在超市买东西的人在受到不公后，很难向管理超市的人行使法律所规定的双倍索赔的权利。

2. 有效地实现制裁功能

惩罚性赔偿可以有效地使用法律手段制止并制裁严重侵犯受害人利益的被告，即相当于私犯行为，最终使民法也有了刑法的报复功能。它不仅是让被告给原告合理的金钱以弥补原告，也有着让被告不再做出该行为的一定作用。不管称其为报复论还是权利论，这个制度最大的功能就是惩罚犯下错误的行为人。只不过保护受害人，使其应有的权利可以完整、快速的实现是权利论的理论基础，其目的也在于此；而报复论则是对加害人进行适当报复，其目的也只是对因其所破坏的社会秩序进行复原。报复论和权利论其实是没有太大的区别，因为对于这一制度来说，对加害人惩罚的过程和结果就是对受害人权利救济的过程和结果。

3. 起到有效的威慑和预防作用

侵权责任主要是为了预防侵权行为，而需要我们认真研究的是，怎么实现这一立法目的。总体来说，通过让过错方承担自己犯下的错误甚至可能承担超过了限度的惩罚结果是我国侵权法理论一直以来秉持的态度，但不得不说这种方式很难收到立法者想要的效果。在我国现有制度难以适应社会快速发展的情况下，英美法系的这一制度恰好解决了我国面临的这种法律无法公平惩戒而道德又不被允许的困境。

4. 实现其他多种社会调整功能

（1）限制特权，促进社会公平正义。随着经济发展，我国已经是世界第二大经济体，但社会贫富差距依然很大，富人还是占据着国家的大部分资源。我国正处于转型的特殊时期，这一制度的出现决定了它有着我们需要的社会矫正功能。面对社会上频频出现的富人为富不仁、国有大型企业垄断现象严重、金融违法行为等问题，我们需要惩罚性赔偿制度这把利刃，去积极解决难题，保障社会公平与正义。

（2）补充刑法的作用。虽然我国的立法者已经尽可能严谨地设计法律法条，但刑法和侵权责任之间还是有一个不小的漏洞。在这一可被犯罪者钻的漏洞中，有一些不在刑法中规定的犯罪行为，没办法用刑法判刑，但用已有的民法又不能让受害者得到公平的判决，道德的谴责也不可能有任何作用，没有强有力的制裁就无法制止此类事件再次发生，法律的权威也会被忽略甚至是践踏。而且，对于这一漏洞中的犯罪行为，不宜用刑法太重，因为毕竟我们的社会对有过刑事责任的人太过苛责，而关于这类犯罪者的行为没有达到这么大的影响，故用民法进行规范比用刑法更符合正义。世界上大多数自由的国家规范民众都是用民法比用刑法多。因此，这一制度在这种情况下起到了补充刑法的作用。

在现实中，有些事故可能是由一些道德上让人震惊的不属于刑事上的违法行为所引起的，却很难去判定它们在法律上的因果关系，因而也很难被追究刑事责任，这就导致了双方都没有得到公平的结果。如某个案件中，当事人一方的汽车公司知道他们的车在油箱设计方面有问题，但如果召回该类车进行修理，又不符合公司的发展利益，通过各方面分析后，最终决定不召回。另一方当事人在驾驶该公司所产车辆被追尾后起火，当事人当场死亡。而之后此类事件也频繁发生。而它们的共同点就是发生事故时汽车之间相撞以及随后的汽车着火。而只有在这许多同类的事故发生之后进行调查和统计分析，才会有可能发现这不是一般的汽车碰撞事故，而其中汽车起火似乎是油箱在设计上有问题引起的。而这样的原因在大众看来是难以想象的，而且警察没有时间也没有精力做这样繁重的工作。但惩罚性赔偿却可以弥补上述缺点，它可以通过经济鼓励让被告方和他们的律师去完成调查分析工作，以提高诉讼的成功率。

（三）我国惩罚性赔偿制度的立法现状

《民法典》在第七编"侵权责任编"中分别以第 1185 条、第 1207 条、第 1232 条在"侵犯知识产权、产品责任、污染环境破坏生态"方面具体规定了"惩罚性赔偿"的内容。在侵权责任制度中，引入惩罚性赔偿，体现了法律对特定侵权行为和侵权行为人的强烈否定性评价，通过惩罚性赔偿，提高侵权行为成本，从而避免侵权行为发生。同时，惩罚性赔偿也激励被侵权人有动力对侵权行为人提起诉讼，客观上也能协助国家机关对侵权行为的制止。中国建立惩罚性赔偿制度，是中国民事立法的重大突破，应该坚持并积极推广，建立惩罚性赔偿制度也是中国社会主义市场经济和社会发展的需要，是适应社会主义市场经济条件下诸多领域民事主体权益保护的需要。

1. 知识产权侵权的惩罚性赔偿

从 2018 年起，我国为了加大对知识产权侵权的打击力度，在知识产权侵权案件中已开始引入惩罚性赔偿方式，体现在对《商标法》《专利法》和《著作权法》的修订中，都提到增设惩罚性赔偿。新通过的《民法典》第 1185 条对知识产权侵权的惩罚性赔偿已做出明确规定："故意侵害他人知识产权，情节严重的，被侵权人有权请求相应的惩罚性赔偿。"这样的规定无疑对知识产权侵权案件的赔偿是一个福音。该条的立法目的就是要进一步强化对知识产权的保护，解决长期以来实践中一直存在的知识产权侵权违法成本低、执法成本高的问题。惩罚性赔偿的一个重要特点，是通过超出实际损失额的高额赔偿，来真正使行为人通过赔偿付出较高成本和代价，从而起到遏制这种侵权行为的作用。在民法典里规定惩罚性赔偿条款，实际上对于统一我国所有知识产权立法中的有关惩罚性赔偿的规则非常必要，把所有规则统一起来，将来都使用民法典的规则。它为未来出现新的一些有关侵害知识产权的类型提供了法律适用的依据，特别是将来专利法、商标法等解决不了的一些新的侵害知识产权的类型，找不到法律适用根据时，又有必要对不法行为人给予惩罚性赔偿，这种情况下可通过民法典的惩罚性赔偿规则，提供兜底性的适用依据。

2. 产品责任的惩罚性赔偿

《民法典》第 1207 条规定："明知产品存在缺陷仍然生产、销售，或者没有依据前条规定采取有效补救措施，造成他人死亡或者健康严重损害的，被侵权人有权请求相应的惩罚性赔偿。"在"侵权责任编"产品责任一章中引入惩罚性赔偿条款，加重了产品质量方面的"违法成本"，对规范社会主义市场经济的生产者和销售者的竞争行为更加有效。在产品责任中实行惩罚性赔偿，迫使生产者和销售者追求利润的同时兼顾对产品质量的监管和注意义务，有利于参与市场经济行为的各个主体平等竞争。

3. 环境污染和生态破坏的惩罚性赔偿

《民法典》第 1232 条规定："侵权人违反法律规定故意污染环境、破坏生态造成严重后果的，被侵权人有权请求相应的惩罚性赔偿。"生态环境保护与消费者保护同样关乎社会公共利益，因此惩罚性赔偿的适用有其必要性。在规定生态环境侵权责任时，不能局限于传统民事侵权中的损害赔偿的填平原则，即除了应当考虑对受损权益进行完全的补偿、填补，还需考虑对加害行为进行惩戒、制裁，对类似的环境污染和生态破坏行为进行威慑、预防，从而保护社会公共利益。《民法典》中设立生态环境侵权惩罚性赔偿，是突破性的规定，解决了理论与实务界的长期争论，为未来司法实践提供了指导。

（四）我国惩罚性赔偿制度的评析

1. 产品责任惩罚性赔偿适用条件的苛责

根据举证规则中"谁主张，谁举证"的原则，受损之人不仅要证明被告主观上"明知"，还要证明自己因这种行为所造成的后果。这样的规定看似合理，但由于产品侵权中的侵权人、受害人双方地位差距悬殊，还有各种产品具有一定的专业性和技术性，这样一来，受害人想要通过诉讼保护自己的目的很难实现。在这类侵权中，判定生产者是否有错采用的是"无过错责任"原则，判定销售者是否有错也有采用"推定过错"而造成举证责任倒置的情形。所以，在这一制度中也采用举证责任倒置，以减少原告方的必须证明的责任从而维护其利益。此外，产品有缺陷是否以客观上造成死亡或者健康严重损害为必要也值得讨论。

2. 完善赔偿数额的计算标准和考量因素

《民法典》规定了惩罚性赔偿制度，但该制度的具体适用法典没有具体规定，虽然赔偿数额会因具体案件的不同而有所区别，在法律中也不可能一一做详细规定，但是完全不做规定，就留给了法官过大的自由裁量。在赔偿数额的计算标准上，应把握三种确定数额的方式：第一，以补偿性赔偿金为基准，与其呈一定的比例关系；第二，对其最高数额做出一定限制；第三，两种方式相结合，既规定与补偿性赔偿金的计算关系，也限定最高值。具体到不同的领域，交由未来司法解释作出具体规定。

此外，确定赔偿数额的具体考量因素也是非常必要的。从被告角度而言，该制度的适用应秉持义务与责任相适应原则。被告的主观方面、不法获利情况以及是否受到刑事处罚或承担其他民事责任是主要的考量因素。如，若侵权人已受到刑事处罚或者承担了其他的民事责任，那么在适用时就应适当地降低赔偿金额。综合考量这些因素不至于减轻侵权人责任承担也不会过分加重其责任，实现义务的违反与所带来的责任承担相适应的立法目的。

从原告的利益出发，原告的实际损失、诉讼成本和被告的财产状况应作为考量因素。一般情况下处以惩罚性赔偿金是以原告的实际损失为基准的，原告的实际损失小于被告的不法获利时应以不法获利为准，而且诉讼成本也是应当适当考量的因素。

第八章
民法体系与民事法律关系在司法实务中的运用

第一节　民法体系在司法实务中的作用

一、民法的体系

（一）民法的内部自洽体系

民法（私法）体系是一个相对独立但又受公法管制影响的体系。民法体系通过两种内部秩序形成一个自洽的体系。这两种秩序分别是静态法律秩序和动态法律秩序。静态法律秩序如人格权、身份权、物权、知识产权，此类法律规范规定的是静态法律秩序，不允许他人侵犯，但允许权利人自由处分；动态法律秩序包括三种情形：静态法律秩序中的权利、财产交易过程中形成的契约（合同）关系，竞争过程中对上述权利侵害形成的侵权关系以及介于二者之间的无因管理和不当得利。上述法律秩序的运行主要的特点是主体意思自治，因而在民法体系内，意思自治是其最主要特点，民法内部由此形成了一个以主体意思自治为核心的自洽体系。

（二）民法与外部公法的沟通

1. 民法静态秩序下某些权利的获得及行使需通过公法授权或管制

如，土地所有权及承包经营权、建设用地使用权等物权是依据《土地管理法》《农村土地承包法》等公法规定而取得的，在权利行使时也要受到相应公法的限制。

如，知识产权法中的专利权、商标权、植物新品种权、地理标志权、集成电路布图设计权等要通过知识产权法中的公法规范取得，在权利行使时也要受到公法限制。

再如，人身权、身份权中一些特殊主体的权益会受到《中华人民共和国妇女权益保障法》《中华人民共和国老年人权益保障法》《中华人民共和国未成年人保护法》等公法的保护，上述公法也会授予其一些特殊的民事权益。

2. 民法动态秩序受到公法限制或保护

如，刑法或其他公法禁止或限制的交易事项，在民事交易中就不得进行交易或只有在符合特定条件下才可交易。如，国家特别规定的国家级文物不得流通，如果违法买卖或交易，轻则行政处罚，重则构成犯罪；再如，我国法律规定，技术出口分为禁止、限制和自由三种情形，如果将国家禁止的技术出口到国外可能构成泄露国家机密等违法、犯罪行为。

再如，在民法体系内，任何人对静态秩序下的权利的侵害都构成民事侵权，但如果达到一定程度就会受到公法的干涉。如，民法中的人身权受民法保护，同样也受《中华人民共和国治安管理处罚法》及《刑法》保护。殴打他人而没有造成任何伤害，可能只是民事侵权；但如果殴打他人情节严重或造成轻微伤，则可能会对侵权者进行治安管理行政处罚；如果受害人构成轻伤或重伤，则应受到刑事处罚。还有，不当得利在特殊情况下可能会演化成为侵占他人财产的犯罪，等等。

通过对民法内部体系以及其与外部公法沟通途径的分析，我们可以看到，在司法实践中遇到法律问题的时候，首先要对法律问题的性质进行确定，即该问题本质是民事纠纷、行政争议还是刑事犯罪。在确定了性质之后，我们才能进一步确定适用的法律，最终解决问题。

二、民法典的体系

民法典体系是民法内部自洽体系，是纯粹规定民事法律规范的体系。古罗马私法体系是以人、物、讼三部分展开；法国民法典继承并发展了古罗马《法学阶梯》私法体系，以人、物（财产）、取得财产的方法作为其民法体系；德国在继承古罗马《学说汇纂》司法体系的基础上形成了潘德克顿民法学体系，形成了以高度抽象和概括且能够适用于其他各编的总则为统率，以债权、物权、亲属、继承四编具体权利义务内容为基础的五编体例。此后，20世纪的各国民法典大多遵从德国民法典体例，民法典大多为总则、债权、物权、亲属、继承的五编体例。

20世纪末21世纪初，民法典的体系已经发生了变化，在此期间进行民法典立法的国家大多都对传统的民法典体系进行了部分修正，最主要的变化就是增加了人格权法编和知识产权法编。如，越南民法典、乌克兰民法典、俄罗斯民法典。我国的《民法典》已经颁布并于2021年1月1日起开始实施。我国《民法典》各编分别是总则编、物权编、合同编、人格权编、婚姻家庭编、继承编、侵权责任编。我国《民法典》编纂过程中的争议最主要有以下三方面。

（一）知识产权法是否应纳入《民法典》

由于知识产权在民事主体的财产中所占的比例越来越大，知识产权在国家经济、文化发展中所起的作用也越来越重要。知识产权是民法意义上的财产已是国内外共识，但是否应将知识产权编纳入《民法典》，还存有争议。我国立法机关目前的观点是，总体而言，知识产权属于民事权利，这一点在《民法》中已经体现，即在《民法》中将知识产权作为民事基本权利加以规定。但是，由于知识产权立法一直采用民事特别法的立法方式，其内容既涉及民事法律规范也涉及行政法律规范，行政法律规范难以纳入《民法典》中，也难以抽象出不同类型知识产权的一般性规则，且知识产权法律变化较快，为保持《民法典》的稳定性，也为保持知识产权立法与国际条约的总体一致性和衔接性。我国目前还不具备将知识产权法纳入《民法典》的成熟条件，因此在我国《民法典》中暂不宜设立知识产权编。

（二）人格权是否应独立成编

关于人格权编，根据全国人大网站公开的信息看，已经确定将其独立成编，单独作为民法典一编。罗马私法体系，即法学阶梯体系，又称三编制体系，由人、物、讼三部分构成。法国民法典继承了这一体系，但将诉讼单列为一个部门法。德国的民法却成了五编体系，即总则、物权、债权、亲属、继承。我国民法基本继承了德国的潘德克顿法学体系。但该体系存在一个很大的理论问题：它以总则淹没了三编制中的人法，就整个体系而言缺乏民法中最重要的内容 —— 主体，即人的地位。因此，我国此次《民法典》分则编纂将人格权独立成编。

（三）民事责任在民法典中的地位

本次《民法典》分则编纂将侵权责任独立成编，但需要注意的是，侵权责任仅仅是民事责任的一种，而非民事责任的全部。在理论界有一种观点，认为民事责任应当单独成编。这种观点错在其将债与责任相混淆，故而我国《民法典》中有"侵权责任"编，没有"民事责任"编。

从法律发展史的角度看，责任分为"人的责任"和"物的责任"。古代债务奴隶就是最典型的"人的责任"，即债务人不能履行义务时，可能沦为债奴。债权人可将债务人当作奴隶使用或出卖给他人，甚至有权杀害债务人。随着社会进步，"人的责任"逐渐被废除，仅采取物的责任，即财产责任。现代法上，债务人不履行债务，债权人不能将债务人变为奴隶，只能将其全部财产作为履行债务的担保。从此观念出发，债务人的全部财产成为债权的总担保，这就是我们民法上的"一般财产责任"。这一发展给人以一种债务与一般财产责任相伴相生、不可分离的感受，因而很多学者就此认为两者无区别的必要，故二者在观念上不免常相互混淆。然而，如果仔细分析责任产生的过程，我们就会发现，民事责任并不具有完整的独立性，所以不能成为民法典中独立的一编。

义务的履行即为权利的实现，义务的违反即引发法律责任。可见，法律责任以法律义务的存在为前提；要先有义务，然后才能谈得上责任。无义务，即无责任。有时义务虽然存在，但如果义务人能正确履行义务，则也不引发责任。只有在义务人违反义务的情况下，法律责任才应运而生。换言之，法律责任为违反法律义务的当事人所应承担的法律后果。现代法上，责任一词，不仅用于民事法律范畴，也同样用于刑事法律、行政法律等范畴。目前我国立法中大多都设有"法律责任"一章，该概念已不属于民法特有术语。就其真正内涵而言，责任乃是违反义务的法律后果，该义务并非单指民事义务，而是泛指所有的法律义务。而且责任的承担需要以法律的强制力为保障，如责任人不履行债或民事法律义务，则可以申请法院强制执行来实现责任内容，因而责任是一个公法范畴的概念，而非一个单纯的民法概念。所以，民法典中没有设置民事责任一编。

三、民法体系在司法实践中的作用

在立法时，法律往往是归纳的，即由具体到抽象、由特殊到一般。然而在法律实践中，我们则经常对法律进行演绎，即由抽象到具体、由一般到特殊。我们在面对具体法律问题时，应当以请求权基础为思考的出发点。

民法典虽分为若干编，但各编并不是孤立存在的，而是相关联、成体系的。我们需对各编均有透彻了解，并加以综合运用之后才能适当处理具体案例。大陆法系国家的民法典都是高度抽象化的法律，特别是由于大陆法系国家的法典体例一般是由总则统帅其他几编，因而在将具体的客观事实上升为法律事实的过程中，理解总则所规定的高度抽象的内容是每一个案件解决过程中必不可少的环节。因此，必须高度关注民法在解决司法实践案例中的地位和作用。

我们处理某一个案件时可能主要依据某个法律规范，这是处理案件的核心。但在具体分析时，仅仅依据该条是无法判断出最终的结果的。我们在前面几章中所讲的很多案例就是典型的例子。从某种意义上讲，适用一个法条，实际上就是适用整个民法。我们不但要明白每一条文的内容，而且要彻底将整个民法体系了然于胸，这样才能真正理解司法实践中复杂的法律关系，从而真正解决当事人的纠纷。

民事法律规范最小的单位是民法条文，民法条文是建立在个别基本概念之上的，例如，自然人、行为能力、意思表示、契约、物权行为、处分行为、无权处分、交付、继承、动产等。法律概念、术语乃是复杂的法律思考过程以及价值判断、利益衡量之专业、精简的称谓，是法律人思考的基石。只有透彻确实掌握这些专业术语，才能开始运用法律处理案例。

第二节　民事法律关系在司法实务中的作用

一、民事法律关系的含义及要素

（一）民事法律关系的含义

民事法律关系是指由民事法律规范调整而形成的平等主体之间的权利义务关系。人在社会生活中必然会结成各种各样的社会关系，这些社会关系受各种不同的规范调整，其中由民法调整形成的社会关系就是民事法律关系。

（二）民事法律关系的要素

民事法律关系的要素，是指构成民事法律关系的必要因素或条件。民事法律关系的主体、客体和内容为民事法律关系的三要素，缺少其中的任何一个都不能成立民事法律关系，其中任何一个发生变化，民事法律关系也就发生变化。

二、民事法律关系在民法实践中的作用

现代社会中，当某一个当事人（包括企业）与他人签订一份合同时，很多当事人都会咨询律师。咨询的内容是在签订合同的时候应当注意什么问题。律师在解答上述问题的时

候一般会这样回答：你拟签订的合同属于×××合同（如借贷合同、房屋买卖合同、担保合同等）。然后律师会根据拟签订合同的类型提醒当事人注意什么问题。某个当事人与他人发生纠纷后，也会咨询律师，咨询的内容是如何处理这个纠纷。律师一般会在听完当事人介绍案情后告诉当事人，你这个纠纷属于×××纠纷（如合同违约纠纷、侵权纠纷、继承纠纷、知识产权纠纷等），然后告诉当事人如何处理此类纠纷。某个当事人与他人发生纠纷后向人民法院提起了诉讼，人民法院立案庭接受当事人的诉状后会进行审查，决定是否立案，决定立案的同时还要确定案由，再分配给审判庭的法官；审判庭的法官通过对案件进行具体审理作出判决时，首先要确定该案件属于什么纠纷，然后再适用具体的法律。

在上文所列的过程中，无论是律师的咨询，还是法院的立案、审判、判决都体现了这样一种思维：这个问题是一个什么法律关系？确定法律关系后，再根据相应的法律规定，作出解答或者作出判决。由此可以看出，在民法实践中，所有行为都是围绕着一个核心——法律关系而进行的。为什么在民法实践中所有的行为都以法律关系为核心来进行？通过对整部《民法典》规范内容的分析就可以得到答案。

可以说，整部《民法典》都是在规范民事法律关系。

（一）民法规范民事法律关系基本的问题

民法规范的是民事法律关系中最基本的问题。民事法律关系，我们前文讲它包括主体、客体、内容、产生、变更、消灭等。以《民法典》中的总则编为例来说明。《民法典》第2条规定，民法调整平等主体的自然人、法人和非法人组织之间的人身关系和财产关系。这首先确立了民法调整的法律关系的最基本框架：平等主体之间的人身关系和财产关系。紧接着《民法典》规定了民法基本原则，有平等、意思自治、公平、诚实信用、公序良俗、禁止权利滥用等。这些原则是民事法律关系的建立、变更、消灭过程中应遵循的基本原则，违反这些原则的民事法律关系的建立、变更、消灭要么不发生法律效力，要么发生与当事人内心意思相悖的法律效果。即这些原则是指导、规范民事主体在从事民事活动时的行为准则。再接着，《民法典》规定了自然人、法人、非法人组织，这些都是民事法律关系的主体。然后，民法当中还规定了民事权利，即自然人的人格权、人身权，法人的名称权、名誉权、荣誉权，物权，债权，知识产权等，并同时规定了民事义务。这是民事法律关系的内容。民事权利一章中还规定了物、财产、行为、智力成果，这些是民事法律关系的客体。在规定了民事法律关系的主体、客体和内容之后，总则部分还规定了引起民事权利变动的民事法律行为和代理、违反民事义务的民事责任、民事权利存续的期间（即诉讼时效和除斥期间）。这些内容，都是在对民事权利和义务作具体规定，这就是与民事法律关系产生、变更或消灭相关的法律行为或事实。从民法的上述规定中，我们可以看出，民法实质上就是完整、抽象、概括地把民事法律关系的要素规定出来，涵盖了全部的民事法律关系。所以，民法其实就是民事法律关系的抽象和概括。

（二）民法分则规定具体的法律关系

民法分则所有的内容都是规定具体的法律关系。如前文所述，按照德国潘德克顿法体系，主要是五个方面，除了总则之外，还有物权、债权、亲属、继承。现代民法体系中，还应该加进去的是人格权和知识产权两部分。我国《民法典》的体例是总则、物权、合同、人格权、婚姻家庭、继承、侵权责任。知识产权虽然没有作为独立一编纳入《民法典》，但是其属于民事基本权利得到了总则的肯定。这也是我们现在通常设想的民法分则应当包括的六种具体的民事权利类型，在此之外，再加上保护民事权利的侵权行为法（我们将其归入到债权领域中）。这六种具体的民事权利类型以及侵权行为法就是对民事法律关系的展开，讲的是具体的民事法律关系。

我们可以这样说，把社会中的政治、经济、文化因素抽象掉，这个社会就是一个物质世界，物质是这个世界的基础。物质表现为两种形式：一种是人；另一种是物。其中，人占据主导的地位，由人来统领市民社会。物都服从于人的意志，人对物进行支配。人是社会当中的主体，是统治者、支配者。当然，说到底，人其实也是物，但是从民法的角度来看，物质表现形式分成人和物。物给人提供了生存的空间，给人提供了生存的基础，人利用物以进一步生存和发展。

社会就包括人和物两种基本要素。在民法社会中，人是一个主体，物代表了财产利益。在民事法律关系当中，除了人和物以外，还有权利和义务，民法就是用赋予权利的方法来分配财富、人格利益和身份利益的。民法用这个方法把世界上所有的财产利益、人身利益公平地分配给每一个人。

民法在规范对物所体现的财富的分配时，设置物权，确定财富的归属和利用。物权的核心问题是所有权，每一个人都享有所有权，这个权利是平等的。民法能够做到权利平等，但是做不到财富的平等。因为在同等的权利之下，每个人的能力和创造力不同，所以每个人能够创造并最终得到的财富数量就不一样。通过赋予权利的方法来分配整个社会的财富和人格利益、身份利益，我们看到这样一种形式：民法将世界的物质表现形式分成人和物，人和物之间发生的民法上的利益，就用民事权利和民事义务来加以分配。一个人享有权利,其他人就负有义务。这样,民法就把整个社会编织到一起,成为一个整体,构成了完整的市民社会结构。

所以,民法世界(即市民社会)最基本的表现形式就是民事法律关系。因为这个世界既存在着人,又存在着物。要解决人和物之间的关系、分配人与人之间的利益的时候,就采用权利和义务的方法。这样恰好就构成了民事法律关系的基本要素。我们说,民事法律关系有三个要素:主体、客体、内容。主体是人,客体是物以及其他民事利益,结合民事主体和民事客体的方法是权利和义务,民事权利和民事义务就是民事法律关系的内容。

也可以这样讲,其一,认识民法世界、观察民法世界的基本方法就是分析民事法律关系的方法;其二,规范市民社会的秩序、民法世界的行为,也是分析民事法律关系的方法;其三,当市民社会中发生纠纷的时候,解决纠纷的裁判方法也是分析民事法律关系的方法。只有抓住分析民事法律关系的方法,我们才能够知道民法社会究竟是怎样构成的,民法的规则是怎样产生的,民法的基本作用究竟是什么。

所以,一整部民法都是在讲民事法律关系。总则规定的是概括的、抽象的民事法律关系,分则规定的是具体的、展开的民事法律关系。基于这样的分析,我们认为,民法的基本方法就是分析民事法律关系的方法。民法观察这个社会、规范这个社会,以至于解决纠纷的方法,都是分析民事法律关系的方法。无论是教授给学生讲课还是律师在实践中解答法律问题、处理案件还是法官审理、判决案件,其实都是按照这个方法进行的;我们学习、研究民法,也是在使用民事法律关系的方法。所以我说,分析民事法律关系的方法就是我们学习、掌握、适用民法的一个基本方法论。说得更抽象一点儿,其实,民法的哲学就是法律关系的哲学,分析民事法律关系就是民法的方法论。

三、民事法律关系的类型

民事法律关系是总括,它有各种各样不同的表现形式。我们用民事法律关系的方法来裁判的时候,必须确定法律关系的具体性质。确定一个案件是什么样的法律关系,就一定要"定性",在给案件"定性"的时候,其实就是对它进行民事法律关系的类型化。通过民事法律关系的类型化,进而实现法律关系的具体化。将法律关系具体化之后,也就找到所要适用的法律了。

(一)民事法律关系的最高类型

民法是调整平等主体之间人身关系和财产关系的法律规范,因此民事法律关系最高层级的分类有两种：人身法律关系和财产法律关系。这两种关系代表了两种民事利益，一种是人身利益；另一种是财产利益，这两种利益也是民法利益的总和。调整人身利益的法律叫作人法，调整财产利益的法律叫财产法，这是民法最基础的两部分。我们在确定一个案件的性质时，首先应该考虑是人身关系还是财产关系，这是最基本的思考。

（二）民事法律关系的基本类型

在民事法律关系的最高层级之下，是民事法律关系的基本分类，七种最基本的民事权利的法律关系再加上保护民事权利的侵权行为法的侵权损害赔偿法律关系。

在人身法律关系这一部分，首先是人格法律关系；其次是身份法律关系。这两部分构成人法的基本内容。还有一种法律关系是继承。通说认为继承是财产法律关系 —— 人死了以后，他的财产变成遗产，遗产在他的继承人当中进行分配。实际上，继承权是带有身份基础的财产关系。所以，继承法律关系有两种性质，既有财产性质，又有人身性质，继承法律关系是通过身份关系来确定的财产关系。关于财产法律关系，我国《民法典》的规定有以下四种。

第一，物权关系。《民法典》物权编是调整物的归属及利用法律关系的法律。

第二，债权法律关系。物权律关系规定的是静态的财产法律关系，规定的是物权的归属。债权是动态的财产法律关系，规定的是财产在运行过程中发生的法律关系。例如，买卖、赠与及侵权等。

第三，知识产权法律关系。知识产权总体而言也是财产关系，但知识产权有其非常特别的内容：其部分法律关系具有人格权的内容，即知识产权是具有人格权内容的财产关系。例如，著作权当中有一部分是精神权利，还有一部分是财产权利。如，许可费收入是财产权利，但署名权、修改权、维护作品完整权是精神性权利，是具有人格权性质的权利。

第四，股权和其他投资性权利（信托权、期权、合作社社员权、多种财产组合的权利等）法律关系。以前有把该类权利认为是债权或物权的不同看法，《民法典》将其规定为一种与物权和债权并列的权利。该种权利中的部分权利也需要具备一定的身份才可享有，即需要具备股东、社员等身份才可享有该类权利。因此，该类权利兼具身份权和财产权的性质，但主要是财产权，是以具有一定身份为前提的财产权，与继承权类似。

从上述总结中，我们可以看出，人法部分有三种基本的法律关系，其中，人格和身份是纯粹的人法关系，继承是兼具财产和身份性质的法律关系。财产法部分有四种基本的法律关系，除了物权、债权是纯粹的财产法律关系以外，还有具有人格权和财产权内容的知识产权以及兼具身份权和财产权的股权及其他投资性权利。

（三）民事法律关系的中间类型

我们以《民法典》物权编为例。物权律关系属于第二层级法律关系，《民法典》物权编中规定了三种物权，即所有权、用益物权和担保物权。所有权法律关系、用益物权律关系、担保物权律关系就属于第三层级法律关系，也叫作中间类型法律关系。

在债权法律关系中，合同之债、无因管理之债和不当得利之债、侵权之债都属于第三层级的法律关系。合同之债下面是第四层级也是具体类型的法律关系，而不当得利、无因管理之下则不存在具体的法律关系。

知识产权法律关系包括著作权（版权）法律关系、专利权法律关系、商标权法律关系、植物新品种权法律关系、集成电路布图设计权法律关系、地理标志权法律关系等。这些是第三层级法律关系。

人格权法律关系中包括一般人格权和具体人格权两个第三层级法律关系；身份权法律关系中包括亲权法律关系、配偶权法律关系、亲属权法律关系三个第三层级法律关系；继承权法律关系中包括法定继承法律关系与遗嘱继承法律关系两个第三层级法律关系；投资性权利包括股权、社员权、信托权、期权等第三层级法律关系。

（四）民事法律关系的具体类型

民事法律关系的第四层级，是最后的、最终的法律关系，是具体法律关系。具体法律关系就成为我们在办案中所要解决的"定性"。例如，我们要确定一个民事案件的性质，首先要确定它是财产法的问题还是人法的问题。如果是财产法律关系，那么是债权关系还是物权关系？如果是债权关系，是合同关系，还是不当得利、无因管理的关系？如果是合同关系，又是何种合同关系？是买卖合同还是赠与合同？只有确定是买卖合同，案件的性质才能确定下来。确定下来买卖合同关系以后，我们就能够找到《民法典》合同编关于买卖合同的规定，就能够对它适用具体的法律了。所以，具体类型的法律关系，就是到了最低层次、不能再对其进行划分的法律关系。民法最终对一个法律关系进行规范的时候，是对最基础的、最具体的法律关系进行规范，这就是最基本的、具体的法律规范。只有把一个法律关系"定性"定到第四层级的时候，我们才能找到所要适用的法律。

再如，物权律关系是基本法律关系，所有权、用益物权和担保物权律关系是第三层级的法律关系，单独所有权、建筑物区分所有权、共有权、土地承包经营权、抵押权等，是具体法律关系。

四、民事法律关系类型在民事案由中的应用

《民事案件案由规定》大致上就是根据民事法律关系的层级一级一级规定下来的。我们具体看一下：《民事案件案由规定》第一部分为"人格权纠纷"，即第一级案由为"人格权纠纷"。由于第一部分只有一大类案由，因此该规定中的"一、人格权纠纷"也叫第二级案由。其之下的第三级案由有 11 个，分别是：①生命权、身体权、健康权纠纷；②姓名权纠纷；③名称权纠纷；④肖像权纠纷；⑤声音保护纠纷；⑥名誉权纠纷；⑦荣誉权纠纷；⑧隐私权、个人信息保护纠纷；⑨婚姻自主权纠纷；⑩人身自由权纠纷；⑪一般人格权纠纷。

在第三级案由中的"隐私权、个人信息保护纠纷"之下，有两个第四级案由：隐私权纠纷、个人信息保护纠纷。在"一般人格权纠纷"之下也有一个第四级案由"平等就业权纠纷"。

《民事案件案由规定》第二部分有两部分，分别是"婚姻家庭纠纷"和"继承纠纷"两个第二级案由，两个第二级案由之下由若干个第三级案由组成。一些第三级案由之下有若干四级案由，如"同居关系纠纷"这个第三级案由之下有"同居关系析产纠纷"和"同居关系子女抚养纠纷"；"抚养纠纷"之下有"抚养费纠纷"和"变更抚养关系纠纷"。《民事案件案由规定》中其他的规定基本上也是这样的一个逻辑关系。

由上可以看出，《民事案件案由规定》中的第二级案由大致上对应的是基本类型的法律关系，第三级案由对应的是中间型法律关系，第四级案由对应的是具体法律关系。

第三节　请求权基础分析思维方法在司法实践中的运用

一、请求权基础分析思维方法

学习民法最终的目的之一就是要将书本上"死的"民法变为现实中"活的"民法，即要将民法的理论与法条规定运用于解决现实生活中发生的各种纠纷。当纠纷发生、当事人要诉诸法律解决纠纷时，法律人面对纠纷的思维方式是"谁得向谁，依据何种法律规范，主张何种权利"。这就是现在法学界解决法律纠纷最流行的请求权基础分析思维方法。这

一思维方法围绕下面四个问题逐次展开。

（一）确定案件主体

"谁向谁提出请求"其实就是确定案件中的原告是谁，被告是谁。在民事案件中，原告就是认为自己利益受到损害、需要通过诉讼维护自己合法权益的人。被告是被原告认为侵害了自己合法权益的对方当事人。具体而言，如果是合同纠纷，则是合同中的相对一方当事人；如果是侵权纠纷，享有人格权、身份权、物权、知识产权等静态权利的人为原告，而实施了侵害他人人格权、身份权、物权、知识产权等静态权利的其他人，包括自然人、法人、其他组织为被告。

总而言之，在确定诉讼主体的过程中，我们需要以具体的实体法规范的权利义务为基础来进行判断。

客观世界是复杂的，确定诉讼主体的问题看起来简单，但在司法实践中往往很复杂。在民事诉讼中，当事人提起诉讼后，由于其所列原告或被告不适格而被驳回起诉的情况比比皆是，这主要就是因为所列主体并非实体法上权利的享有者或义务的承担者。

另外，由于在民事诉讼中可能会涉及除原被告之外其他当事人的利益，因而在民事诉讼案件中还有一类比较特殊的主体，即第三人。民事诉讼中的第三人有两种类型，第一种类型是对他人争议的诉讼标的有独立请求权的第三人，即有独立请求权的第三人。如原告诉被告要求履行房屋买卖合同中约定的交付房屋的义务，第三人以原被告为共同被告，参加到原被告已经开始的诉讼中，提出原被告签订的房屋买卖合同无效，被告将属于第三人的房产卖给了原告。此时的第三人就是有独立请求权的第三人。第二种类型是无独立的请求权的第三人。无独立请求权第三人是对原被告的诉讼中的标的没有独立请求权，但案件的处理结果与其有法律上的利害关系而参加到原告、被告已经开始的诉讼中的人。例如，在债权人转让债权后，债务人与债权受让人之间因履行债权发生纠纷诉至法院，债务人对债权权利提出抗辩。此时如果债务人抗辩成功，可能会影响原债权人与债权受让人之间的法律关系，原债权人的利益可能会受到影响，这时一般就会把原债权人列为无独立请求权的第三人。

（二）确定诉的类型 —— 即确定原告的具体请求

在司法实践中，原告对被告的请求一般是如下三种。

一是要求确认原被告之间存在某种法律关系或不存在某种法律关系。此类诉讼为确认之诉。如，确认某物所有权属于原告、确认原被告之间不存在养父子关系等。

二是要求变更原被告之间法律关系或解除双方之间的法律关系。此类诉讼为变更之诉，也称形成之诉。如，解除合同、解除婚姻关系、解除收养关系等。

三是要求被告给付某物或某行为。此类诉讼为给付之诉。如给付金钱、交付财产、履行合同义务等。给付之诉中的行为给付之诉通常又分为积极行为给付之诉（如履行合同）与消极行为给付之诉（如停止侵权）。

确定诉的种类就是确定原告向被告提出了什么请求，这是解决问题的前提。

（三）确定原告在案件中的权利类型及权利内容

确定了案件主体及诉讼请求后，我们就要确定请求人在案件中享有的具体权利类型和权利内容。

确定原告请求权类型就是依据《民法典》体系中的总则和分编规定内容确定具体的各种权利，包括人格权、身份权、物权、债权、知识产权、继承权、股权等。确定权利内容就是根据案件事实确定某一类权利中的具体权利内容。如，民法中规定公民享有名誉权，则意味着任何人不得诋毁他人名誉，这就是权利内容。再如，某人通过向国家商标局申请，获得了一个注册商标，即该人享有该商标的专用权。专用权的具体内容就是未经商标专用权人同意，其他任何人不得在相同或类似商品上使用与注册商标相同或近似的标识。确定了权利类型及具体权利内容也就确定了适用何种具体的实体法律规范。

（四）确定原告诉请所依据的实体法规范

在确定了原告的权利类型和具体权利内容及具体请求的内容后，我们就需要寻找原告请求权依据的实体法规范。实体法规范是原告请求权能否实现的最终依据，是请求权的基础。

在这一过程中，我们要根据案件事实确定原告享有的权利类型；在确定权利类型后确定原告享有的具体权利；确定具体权利后寻找具体的实体法规范；找到实体法规范后，再以案件证据证明的事实确定被告的行为具体内容；确定被告行为具体事实内容后再将原告请求的具体内容与实体法律规范进行对比；对比之后再根据原告提出的诉的类型结合实体法规范与案件事实特别是案件证据确定的被告的行为进行判断。具体而言，在确认之诉中看原被告之间是否存在某种法律关系；在变更之诉中看原被告之间的法律关系是否符合法律规范变更的条件；在给付之诉中看被告依据法律规定是否应当负有给付之义务。

在确定了上述问题之后，分析当事人的主张所依据的事实能否与法律规范要件相吻合，进而判定该当事人的主张应否予以支持，就可以得出原告的诉讼请求能否被支持的结论，继而对案件作出判决。

二、司法实践中的运用

甲是著名山水画家，对其所创作的一幅山水画自我感觉特别好，很多人曾表示要高价购买，但甲一直舍不得出售。忽一日，其妻突遭车祸而去世，甲十分伤感，忧郁成疾住院。其独生子乙，17 岁，趁其父住院期间擅自将父亲的该幅山水画与 30 岁的丙的豪车互换。丙明知该画系甲的心爱之作，而非乙自己的财产。甲闻知此事后，甚怒，心脏病猝发而亡。乙悲恸不已。两个月后，乙满 18 周岁，向丙请求返还该山水画，丙拒绝。

问题：乙能否要回该画？

对于上述案例，应当进行如下思考：

1. 本案性质的确定

本案既不存在诈骗刑事犯罪问题，也不涉及行政机关行使职权与公民发生纠纷的情形，而属于平等主体之间关于财产的纠纷，因而属于民法调整范围，属于民法上的问题。

2. 本案当事人的确定

本案中乙因少不更事将其父甲的心爱之画与丙交换，成年后后悔，想要向丙要回该画。因此该纠纷发生在乙丙之间，原告为乙，被告为丙。本案不涉及其他人，因此不存在第三人问题。

3. 确定原告的诉讼请求

本案乙想要回其父亲生前所作的山水画。但是因为其与丙之间存在互易合同，而只有在互易合同无效或被解除后才能返还标的物。因此，乙的愿望转化为法律事实就是要求确认其与丙之间的互易合同无效或解除双方之间的合同，并要求被告返还甲创作之画，因此其诉讼请求应当是"请求人民法院依法确认双方之间的互易合同无效（或解除双方之间的互易合同），并判令被告返还甲创作的山水画"。至于是确认合同无效还是解除合同，我们经过后面的详细分析再来最终确定。

4. 原告权利类型及具体权利内容

乙在交易时未满 18 周岁。《民法典》第 19 条规定，8 周岁以上的未成年人为限制民事行为能力人，实施民事法律行为由其法定代理人代理或者经其法定代理人同意、追认；但是，可以独立实施纯获利益的民事法律行为或者与其年龄、智力相适应的民事法律行为。乙属于限制民事行为能力人，但本案合同非纯获益合同，因此乙丙所签订的合同效力待定，其法定代理人（监护人）不追认，该互易合同无效。

同时，乙将画交于丙，应当理解为当事人之间产生了让与合意，作为转移该画所有权的物权契约。物权契约的生效与债权契约的生效要件相同。因此，作为限制民事行为能力人，其物权契约也属于效力待定。未经法定代理人追认，该物权契约同样无效。

《民法典》第 311 条第 1 款规定，无处分权人将不动产或者动产转让给受让人的，所有权人有权追回；除法律另有规定外，符合下列情形的，受让人取得该不动产或者动产的所有权：①受让人受让该不动产或者动产时是善意；②以合理的价格转让；③转让的不动产或者动产依照法律规定应当登记的已经登记，不需要登记的已经交付给受让人。

丙明知该画为甲所有，未经甲同意而进行互易，主观上具有过错。因此，乙非善意第三人，故不能善意取得该画所有权，其对该山水画的占有系无权占有。

经过上述分析后，我们发现，由于限制民事行为能力人签订合同未经法定代理人追认合同无效，丙也未取得该山水画所有权，所以该画所有权在甲在世时仍归甲。依据《民法典》第 230 条规定，因继承取得物权的，自继承开始时发生效力。甲去世后，该山水画所有权归乙，乙对该山水画享有所有权。

5. 确定乙诉请所依据的实体法规范并分析其能否支持原告诉请

（1）本案能够适用的法律规范。本案原告要求返还甲创作的山水画。我国关于返还原物的法律依据有：①《民法典》第 235 条规定，无权占有不动产或者动产的，权利人可以请求返还原物。②《民法典》第 238 条规定，侵害物权，造成权利人损害的，权利人可以依法请求损害赔偿，也可以依法请求承担其他民事责任。该条实际为侵权责任，归属于侵权法。③《民法典》第 179 条第 1 款规定，承担民事责任的方式主要有返还财产等。④《民法典》中关于民事法律行为无效、被撤销的返还和合同解除后的返还的规定。《民法典》第 157 条规定，民事法律行为无效、被撤销或者确定不发生效力后，行为人因该行为取得的财产，应当予以返还；不能返还或者没有必要返还的，应当折价补偿。有过错的一方应当赔偿对方由此所受到的损失；各方都有过错的，应当各自承担相应的责任。法律另有规定的，依照其规定《民法典》第 566 条第 1 款规定，合同解除后，尚未履行的，终止履行；已经履行的，根据履行情况和合同性质，当事人可以请求恢复原状或者采取其他补救措施，并有权请求赔偿损失。

上述法律依据哪个才是本案最应适用的？这就需要再从事实方面认定被告当时获取该画的行为性质。从事实看，乙，17 岁，趁其父住院期间擅自将父亲的该幅山水画与 30 岁的丙的豪车互换。既然是互换，那么在乙丙之间就建立起了互易合同关系。原告想要回画，要求被告返还原物，就应当宣告合同无效或解除合同，其法律依据就应当是《民法典》第157 条或第 566 条。同时依据物权独立性原则，也不能排除《民法典》第 235 条的适用。由于不是侵权，故排除《民法典》第 179 条和第 238 条的适用。

（2）法律规范适用的选择与确定。本案到底应当适用哪个法律规范，只有对案件事实逐一进行法律规范的涵摄之后，才能得出结论。

首先，该画为动产，最初的所有权即该画在交易时的所有权属于甲，而非乙，乙未经甲同意与丙的豪车互易，乙的行为显然属于无权处分。依据《民法典》第 597 条规定的立法精神，丙并未取得该画的所有权，但该交易合同仍然有效。

其次，乙将画交于丙，该行为属于物权行为（直接引起物权变动的行为）、处分行为。对于标的物无处分之权能而处分时，根据《民法典》规定，该处分行为不生效。本案中，作为画之所有权人的甲未承认该处分行为，故该处分行为不生效。

再次，《民法典》第 311 条第 1 款规定，无处分权人将不动产或者动产转让给受让人的，所有权人有权追回；除法律另有规定外，符合下列情形的，受让人取得该不动产或者动产的所有权：①受让人受让该不动产或者动产时是善意；②以合理的价格转让；③转让的不动产或者动产依照法律规定应当登记的已经登记，不需要登记的已经交付给受让人。

丙明知该画为甲所有，未经甲同意而进行互易，主观上具有过错。因此，丙非善意第三人，不能善意取得该画所有权，其对该山水画的占有系无权占有。

虽然本案交易发生时乙是无权处分，合同有效，但乙未取得该山水画所有权，所有权人甲也未追认，不产生所有权变动的法律效力，甲死亡后，乙作为其独生子，继承甲的一切权利义务，此时取得了该画之所有权。故原告不能依据无权处分主张权利。

复次，本案不具备合同解除的条件。《民法典》第 563 条第 1 款规定，有下列情形之一的，当事人可以解除合同：①因不可抗力致使不能实现合同目的；②在履行期限届满前，当事人一方明确表示或者以自己的行为表明不履行主要债务；③当事人一方迟延履行主要债务，经催告后在合理期限内仍未履行；④当事人一方迟延履行债务或者有其他违约行为致使不能实现合同目的；⑤法律规定的其他情形。本案中显然不存在合同解除的情形，乙不能以解除合同为由要求丙返还山水画。

最后，如前所述，乙在交易时未满 18 周岁。依据《民法典》第 19 条规定，限制民事行为能力人订立的合同，未经法定代理人追认的，该合同无效。又依据《民法典》第311 条规定，丙非善意第三人，也未取得山水画所有权，乙因继承而取得该画的所有权。因此，本案乙既可以《民法典》第 157 条规定的"民事法律行为无效、被撤销或者确定不发生效力后，行为人因该行为取得的财产，应当予以返还"为依据，诉请法院确认合同无效，并判令丙返还山水画，也可以以《民法典》第 235 条规定的"无权占有不动产或者动产的，权利人可以请求返还原物"为依据，诉请法院判令丙返还山水画。这种情形属于请求权竞合，当事人可以择一行使。

由于本案中还存在乙丙之间的互易合同，如果不确认互易合同无效，丙可以该合同的存在抗辩乙的诉讼请求，因此互易合同的效力必须解决，本案原告诉讼请求中必须有"确认互易合同无效"的诉讼请求。

综上所述，本案最适合的法律依据为《民法典》第 19 条和第 157 条，确认合同无效，并判令丙返还山水画。而《民法典》第 235 条的规定不能彻底解决本案的纠纷，故而在本案中不宜适用。

参考文献

[1] 吴晓苹，但小红.民法原理与实务 [M].北京：中国政法大学出版社，2021.

[2] 李国际.民法 [M].北京：清华大学出版社，2013.

[3] 胡爱国.民法教程 [M].北京：中国政法大学出版社，2021.

[4] 张君平.民法系统论研究 [M].北京：知识产权出版社，2022.

[5] 刘慧兰.中国民法基本问题研究 [M].北京：光明日报出版社，2021.

[6] 董新中.民法实务与理论研究 [M].北京：中国政法大学出版社，2021.

[7] 张翔.民法分论 [M].北京：中国政法大学出版社，2021.

[8] 史伟丽.民法原理与实务 [M].北京：中国政法大学出版社，2021.

[9] 邓岩.民法原理与实务物 [M].北京：中国政法大学出版社，2021.

[10] 盛舒弘，刘树桥.民法原理与实务 [M].北京：中国政法大学出版社，2021.

[11] 徐涤宇.民法实证研究之展开 [M].北京：法律出版社，2020.

[12] 李明蓉.社会发展与民法保障比较研究 [M].北京：九州出版社，2021.

[13] 王勇，葛现琴.民法原理与实务 [M].北京：中国人民公安大学出版社，2020.

[14] 费安玲，刘智慧，乌兰.民法总论案例研究指导 [M].北京：中国政法大学出版社，
2020.

[15] 江必新，李占国.民法典背景下企业民事法律实务 [M].北京：中国法制出版社，2020.

[16] 姜太生，张静，苏攀.法律理论研究与法律实务 [M].长春：吉林人民出版社，2021.

[17] 李世刚.民法总论概要 [M].上海：复旦大学出版社，2021.

[18] 汪泽.民法思维与商标权救济 [M].北京：商务印书馆，2020.

[19] 王康.现代科技的民法议题 [M].上海：上海交通大学出版社，2021.